Dubois Delphine

25 Runes pour connaître son avenir et débuter en magie runique

Pour me contacter : feedeslivres@yahoo.com

Dépôt légal 1ère publication : avril 2023
ISBN : 978-2-9584559-3-4

Sommaire

Introduction

Dans ce livre, je vais traiter des runes, un ensemble de « lettres » presque vieux comme le monde et permettant à la fois d'écrire, de dévoiler son avenir, de se connaître soi-même et de faire de la magie.

Existant depuis des siècles, les runes ont évolué en fonction des époques, des lieux et des circonstances. Je ne parlerai ici que du futhark dit « moderne » (futhark ancien auquel on ajoute Wyrd) parce qu'il est celui qui est le plus connu et le plus utilisé. En apprenant à le connaître, nous nous abreuvons du savoir de la Source de la Connaissance coulant au pied d'Yggdrasill, l'arbre du monde, comme le fit jadis Odin qui obtint ainsi la connaissance des runes.

Ce livre est essentiellement conçu pour la divination, contrairement aux nombreux livres que j'ai pu lire ou feuilleter sur le sujet. Il a pour but de fournir des réponses concrètes aux questions qu'on peut se poser mais il peut également servir à s'initier à la magie runique. Je ne pratique pas la magie runique à proprement parler, c'est pourquoi je développe peu cet aspect, mais j'aime bien de temps en temps noter des inscriptions de chance et de bonheur sur divers supports…

Les runes apportent des réponses, des indications pour aider le consultant à mieux appréhender les épreuves qui jalonnent son existence. Cependant, il lui faut se souvenir que son futur n'appartient qu'à lui, il est le seul maitre de sa destinée. Ce sont ses actions passées et présentes qui déterminent son avenir qu'il peut toujours changer en agissant de la manière adéquate. Aussi, si un tirage est négatif, il ne faut pas perdre son temps à pleurer ou à avoir peur, mais réfléchir à la manière de le faire évoluer dans le bon sens.

De plus, je rappelle que l'usage des runes, que ce soit en magie ou en divination, n'est pas une science exacte, ce n'est même pas une science. Il m'est impossible d'assurer au lecteur que même s'il respecte toutes les consignes de cet ouvrage, les runes le servent comme il espère qu'elles le feront. Elles peuvent très bien ne pas agir en magie ou elles peuvent mal être interprétées. Cet ouvrage est conçu pour permettre de s'initier aux runes (magie et divination), le plus simplement et le plus sûrement possible, ce qui ne veut pas dire que ce soit à 100% efficace. Si les runes sont à la portée de tous, tout le monde n'est pas fait pour les utiliser.

J'adresse presque tout le texte de ce livre à la personne qui consulte les runes ou à celle qui porte une inscription, mais il me parait évident que le message des runes s'adresse à celui pour qui les runes sont tirées ou écrites en définitive. Si le consultant et la personne à qui s'adresse le tirage sont une seule et même personne, le message s'adresse donc naturellement au consultant. Si le consultant et la personne à qui s'adresse le tirage sont deux personnes différentes, si le consultant pose des questions pour une tierce personne par exemple, normalement, le résultat du tirage concerne la tierce personne, mais peut très bien être inclus dans la prédiction. Il est donc important de bien définir la personne pour qui sont tirées les runes ou pour qui elles sont inscrites.

Enfin, je rappelle que je ne suis en rien responsable du mauvais usage qui peut être fait des données de ce livre par les lecteurs de cet ouvrage.

I Les différentes runes

Feoh F	Ur U	Thorn Th	Ansur A	Rad R	Ken K ou C	Geofu G	Wynn W ou V
Hagall H	Nied N	Is I	Ger J ou Y	Eoh E	Peorth P	Eolh Z	Sigel S
Tyr T	Beorc B	Ehwaz E	Mann M	Lagu L	Ing Ng	Daeg D	Othel O
Wyrd	**Futhark Moderne**						

Le futhark ancien est composé de trois groupes de huit runes appelés « Huit » ou « aett » ou encore « oett » : l'Oett de Frey, l'Oett de Hagall et l'Oett de Tyr. Pour la divination, on utilise parfois une vingt-cinquième rune, Wyrd, la rune du Destin, ce qui transforme le futhark ancien en « futhark moderne ».

L'ordre des runes dans le futhark est toujours le même, à l'exception des deux dernières runes du dernier aett qui s'inversent parfois, et il exprime une progression dans les connaissances que l'on peut acquérir sur le monde et sur la vie. Il est nécessaire de connaître toutes les runes pour avoir une vision globale des connaissances divines.

La manière dont on dispose une rune est importante car son sens varie, à l'exception de Geofu, Is, Ing, Daeg et Wyrd dont les symboles (ou l'absence de symbole) ne changent pas qu'on les inverse ou renverse. Les autres runes peuvent être soit dans leur sens normal (sens droit), ou dans trois sens miroir : miroir vers la gauche (sens inversé) ou miroir vers le bas (sens renversé), ou encore miroir à la fois gauche et bas. Certaines runes n'ont pas de sens inversé : Eolh, Tyr, Ehwaz, Mann, Othel et d'autres n'ont pas de sens renversé : Thorn, Ken, Peorth, Beorc. En divination, le seul sens miroir est celui à la fois renversé et inversé, pourquoi ? Parce qu'à moins de tirer les runes avec plusieurs jeux (un jeu normal, un renversé, un inversé) simultanément ou à moins d'avoir un jeu transparent, les autres effets miroirs ne sont pas possibles. Cependant, ces effets miroirs peuvent être utiles pour des travaux de magie, et notamment de magie noire.

Une rune inversée exprime le contraire du sens normal, une faiblesse du sens ou bien encore un manque. Une rune renversée exprime un excès, une oppression, un déséquilibre. Une rune à la fois renversée et inversée peut exprimer les deux à la fois, elle est donc dangereuse. En divination, lorsqu'une rune n'est pas renversable, mais qu'on peut savoir qu'elle est renversée (par la présence d'un symbole sur la rune), cela permet d'atténuer sa signification.

Toutes les runes ont plusieurs sens allant de la simple lettre de l'alphabet à un dieu en passant par des connaissances ésotériques diverses que l'on va essayer de détailler dans les pages suivantes. Voici ce que vous trouverez dans toutes les fiches des runes :

Autre(s) nom(s) : Comme les runes ont été utilisées dans tout le nord de l'Europe, elles sont parfois connues sous des noms différents. J'utilise le nom des runes tels que je les ai lus dans le premier livre que j'ai lu sur le sujet il y a 20 ans (« *Les Runes* », d'Anders Andersson) par commodité pour moi, mais vous pouvez trouver ces runes sous des noms différents, c'est pourquoi je vous liste ceux que j'ai trouvés.

Signification(s) : Il s'agit de la « traduction » de la rune donnée ici pour permettre une meilleure compréhension de la rune.

Lettre(s) latine(s) représentée(s) : On peut traduire chaque rune par une lettre ou plutôt par un son. C'est souvent cette lettre qui représente la rune dans les polices d'écriture.

Divinité(s) tutélaire(s) : La ou les divinités qui sont rattachées à la rune, que la rune peut permettre d'invoquer…

Animal(aux) totem(s) : Animal(aux) lié(s) à la rune, utile en magie runique.

Arbre(s) : Arbre(s) lié(s) à la rune, utile en magie runique. C'est dans ce bois qu'il est préférable de tailler une rune pour faire de la magie.

Plante(s) : Plante(s) liée(s) à la rune, utile en magie runique. Les runes peuvent avoir un pouvoir sur ces plantes (aider à la pousse ou l'inverse…).

Pierre(s) : Pierre(s) liée(s) à la rune, utile en magie runique, notamment pour réaliser des talismans.

Elément(s) : Elément(s) lié(s) à la rune, utile en magie runique.

Couleur(s) : Couleur(s) liée(s) à la rune, utile en magie runique. Elle permet de déterminer la couleur des bougies, des vêtements… à utiliser pendant l'invocation de cette rune.

Polarité(s) : Polarité sexuelle de la rune, utile en magie runique.

Sens Divinatoire : A quoi correspond la rune au niveau divinatoire. Comment l'interpréter dans un tirage.
Si deux runes ensemble ont sens en particulier, je le mets souvent dans une seule des deux fiches pour éviter les redites. Aussi, ne tenez pas forcément compte qu'une rune soit tirée avant ou après une autre pour ces indications là.
« Sens divinatoire » et « Utilité en magie » sont reliés, si un ensemble de runes donne un certain effet en magie, il donne un effet similaire en divination.

Utilité en magie : Permet de déterminer à quoi la rune peut être utile en magie. Il ne s'agit pas là de rituel, seulement d'indications.
Lorsque je mets l'action obtenu par plusieurs runes, ces runes sont utilisées en « rune liées » (voir Inscriptions runiques) dans la grande majeure partie des cas.

I 1) Le Huit de Frey

Le premier groupe porte le nom de Frey, dieu de la fécondité. Les Runes du Huit de Frey se rapportent au monde matériel, à la vie quotidienne de l'homme, à ses préoccupations. Elles symbolisent la richesse, la force, la protection, la sagesse, le voyage, l'illumination, le don et la joie.

Feoh Ur Thorn Ansur Rad Ken Geofu Wynn

I 11) Feoh

Autres noms : Fehu, Fe, Foeh, Fé
Significations : Bétail, nourriture, richesse
Lettre latine représentée : F
Divinités tutélaires : Frey et Freyja
Animal totem : Cerf
Arbre : Sureau
Plantes : Ortie, jonc, muguet
Pierres : Agate mousseuse, grenat
Eléments : Feu et Terre
Couleur : Rouge clair
Polarité : Femelle

Sens Divinatoire :

Sens Droit :

Feoh représente la nourriture et le bétail qui symbolisait autrefois la richesse et l'abondance et qui était également une monnaie d'échange. Aujourd'hui, Feoh représente une richesse gagnée et non un don du ciel. Elle représente aussi une personne riche, bien portante.

Feoh conseille aussi d'être prudent et d'emprunter le droit chemin en affaire, de ne pas céder à l'avidité, mais de suivre son instinct. C'est également une rune de pouvoir et de richesse spirituelle.

Feoh est la rune de tous les commencements, une rune de création qui impulse l'énergie permettant de créer sa propre richesse. Elle favorise tous les genres de croissance ou de développement et annonce les changements bénéfiques, le succès de projets matériels, l'enrichissement et l'opulence.

Cette rune rappelle à ceux qui ne l'auraient pas remarqué qu'ils ont déjà tout ce qui est nécessaire à leur survie.

Enfin, Feoh suggère un sentiment réciproque, une conquête romantique. Cependant, en cas d'union surprise, il est fort probable qu'il y ait une perspective financière de l'une ou l'autre partie. Elle conseille de préserver et d'affermir toutes ses relations sentimentales. Elle peut éventuellement annoncer une naissance à cause de la fécondité qu'elle procure.

Sens à l'envers :

A l'envers, Feoh indique des difficultés financières, mais les difficultés ne seront que passagères si les runes qui l'entourent sont positives, et les difficultés dureront longtemps si les runes qui l'accompagnent sont négatives. Elle signifie surtout le manque d'argent, une difficulté à se faire payer ou du moins un retard dans le paiement. Feoh indique aussi souvent une bonne dose de cupidité dûe à une certaine richesse.

Feoh exprime un problème financier qui est souvent à l'origine d'une séparation ou d'une attitude nuisible entre les deux partenaires. Elle annonce souvent une dépression, des difficultés conjugales ou des difficultés avec ses proches. Elle indique une routine néfaste.

Elle peut également inciter à découvrir sa propre richesse intérieure, ses dons méconnus, souvent cachés par ses déséquilibres affectifs. La résolution de ses problèmes peut permettre de révéler ses dons cachés.

Utilité en magie :

Feoh ne doit pas débuter une inscription si sa situation n'est pas bonne car elle pourrait amplifier le problème au lieu d'aider à le résoudre. Elle amplifie les pouvoirs des autres runes utilisées avec elle sauf Nied et Is qu'elle contre (donc à ne pas utiliser ensemble).

Portée en amulette, Feoh attire la satisfaction, la richesse pour ses proches et soi en accroissant les biens et l'argent. Elle sert à développer tout son potentiel (intellectuel, créatif, magique ...) et à élever son statut social (notamment si vous l'employez avec Tyr). Elle est utilisée pour obtenir le pouvoir et le contrôle au sens large du terme, puisqu'elle donne l'impulsion aux nouveaux projets (création d'entreprise, nouveau dossier...) et l'énergie qu'il faut pour les réaliser.

Elle permet d'accroitre ses pouvoirs divinatoires, ses pouvoirs psychiques et son magnétisme. En combinant Feoh au magnétisme, cela permet d'agir à distance sur quelqu'un avec plus de puissance qu'avec son simple magnétisme naturel. Elle permet également de projeter sa puissance, son énergie.

Feoh attire à soi la puissance du soleil, de la lune et des étoiles. Elle permet aussi d'accroitre la vitalité sexuelle aussi bien des hommes que des femmes, surtout des célibataires, et apporte une certaine abondance au niveau relationnel. Avec Ken, elle favorise les naissances et la créativité artistique. Avec Lagu, elle permet d'utiliser son intuition et ses talents cachés pour gagner de l'argent.

Elle fortifie le système sanguin et le système immunitaire. Avec Ur, elle est utilisée pour accroitre la guérison. Avec Ing, elle favorise une naissance ou une grossesse et peut permettre de réaliser un rêve.

Elle encourage la pousse du muguet.

Avec Ansur, elle est utilisée pour acquérir la richesse et le succès, non par la force, mais par la ruse ou par ses ressources intellectuelles. Les deux liées permettent également de réussir un examen d'économie.

Avec Othel, elle apporte la récompense des efforts fournis alors qu'avec Peorth, elle apporte de l'argent sans travailler, un gain aux jeux ou un héritage par exemple. Avec Ger, elle favorise les contrats et apporte des récompenses méritées.

Avec Daeg, elle permet d'accroitre ses richesses. Avec Wynn, elle permet d'améliorer la situation financière de sa famille et pour les artisans d'effectuer un travail rentable. Avec Rad ou Ehwaz, elle permet d'obtenir des gains en voyage et favorise les négociations avec l'étranger.

I 12) Ur

ᚢ

Autres noms : Uruz, Urus
Significations : Auroch, force primordiale
Lettre latine représentée : U
Divinités tutélaires : Thor, Urd
Animaux totems : Auroch (une sorte de bœuf ou de bison), vache, taureau
Arbres : Bouleau argenté, sureau, noisetier
Plantes : Capucine, lichen (mousse d'Islande), sphaigne
Pierre : Escarboucle apportant une puissante énergie
Elément : Terre
Couleur : Vert foncé
Polarité : Mâle

Sens Divinatoire :

Sens Droit :

Ur représente l'auroch dont la mort était un élément important du rite de passage à l'âge adulte de certaines tribus germaniques. Ainsi, cette rune devint un symbole de force brute et de virilité mais aussi de promotion sociale, d'épreuve personnelle et de pouvoir.

Elle annonce des changements positifs et soudains dus aux efforts du consultant, à son audace et à ses engagements. Ses efforts lui attireront la chance en affaires et lui permettront d'être maitre de sa destinée.

Ur permet de se découvrir de nouvelles qualités, comme des qualités de meneur à l'occasion d'une promotion professionnelle, et donne la force d'avoir foi en soi, de s'affirmer en permettant de surmonter des épreuves, de réaliser ses rêves.

Ur annonce un dénouement heureux aux problèmes de toutes sortes, à plus forte raison si elle est accompagnée d'autres runes positives.

Ur est également une rune de guérison qui annonce un processus de récupération physique rapide. Elle signifie que le consultant ne manquera pas de vitalité, d'énergie, d'endurance, de vigueur, de force physique et psychologique. Tout cela peut entrainer une certaine agressivité, agressivité qui, libérée au bon moment, donne à l'individu la volonté de vivre et la force de se battre pour survivre.

Elle peut aussi indiquer une quête de vérité et évoquer sa liberté. Elle apprend aussi au consultant que quelle que soit sa force, on ne peut pas toujours tout contrôler. Il faut donc éviter de foncer tête baissée, il vaut mieux attendre tranquillement que l'orage passe.

Ur annonce aussi la gestation, la maternité et la procréation. Il peut s'agir de la naissance prochaine d'un enfant, d'une nouvelle entreprise, d'un nouveau projet mais également de la naissance d'une passion amoureuse, notamment la passion masculine. Elle peut aussi annoncer une rencontre prédestinée ou la capacité à faire durer une relation.

Sens à l'envers :

A l'envers, elle conseille de s'abstenir de prendre des risques.

La personne visée par cette rune est en état de faiblesse physique (manque de tonus, petites blessures sans gravité) et morale, elle doit donc faire attention notamment aux risques d'arnaques, aux retards de paiement.

Elle peut également annoncer qu'une personne de pouvoir ou de l'entourage du consultant exerce une certaine pression sur lui, qu'elle se sert de sa force contre lui ou du moins, qu'elle a une influence très négative sur lui.

Elle peut aussi annoncer une agression violente, pas forcément justifiée ni même contrôlée, soit de la part du questionneur soit dirigée contre lui. Elle rappelle aussi que pour lutter contre cette agression, la force se trouve déjà en soi.

Ur annonce aussi que les changements qui vont survenir vont prendre du temps, qu'il y aura du retard. Ces changements peuvent affecter la personne qui consulte tant au niveau financier que moral. Il lui faudra alors de la patience pour surmonter ces changements mais à terme même ils seront perçus comme positifs.

Elle rappelle aussi que de l'orgueil déplacé ne sert à rien.

Utilité en magie :

A l'endroit, elle augmente la force des runes utilisées avec elle. Elle est également une base solide pour toutes les sortes de pratiques magiques. Utilisée avec d'autres runes, Ur aide à l'évocation des pouvoirs naturels.

Ur est surtout utilisée dans les travaux de guérison, elle aide à amorcer la régénération et le rajeunissement. Elle permet de détoxifier l'organisme et d'améliorer la digestion. Elle peut se lier à Feoh pour plus d'efficacité dans ce domaine. Elle apporte la puissance sexuelle aux hommes et protège des pannes sexuelles mais aussi des maladies.

Avec Ansur, elle permet de lier la force à l'intellect.

Ur permet également de mieux se connaître, de reconnaître ses défauts et ses qualités mais également de mieux reconnaître les atouts et les failles des autres. Portée en médaillon, Ur peut aussi aider dans les créations, car elle donne l'inspiration et le courage d'agir.

Tracer Ur à la surface d'un verre d'eau avec l'index et le majeur vous permet d'énergétiser l'eau. Visualisez la rune rougeoyer et attendez que son pouvoir charge l'eau avec ses vibrations avant de la boire. En chargeant l'eau avec cette rune (ce qui entraine parfois un léger changement de goût, l'eau devient plus métallique) et en la buvant ensuite, on renforce sa propre énergie. Une autre manière d'énergétiser l'eau consiste à scander le nom de la rune tout en la visualisant pour que les vibrations du chant chargent l'eau avec l'énergie d'Ur. Il est possible d'énergétiser la nourriture de la même manière.

Elle attire la chance et des contextes heureux permettant d'obtenir le succès mais pas au dépend d'une tierce personne.

Elle peut aider à effectuer des changements nécessaires et radicaux dans sa vie mais pas forcément très déterminés. Par exemple, si une personne veut se réorienter professionnellement mais qu'elle ne sait pas vers quel emploi se tourner, elle peut faire appel à Ur. Si elle sait quel emploi elle veut précisément, elle lui préférera Ehwaz. Elle permet d'aider à démarrer une nouvelle entreprise en évitant les risques et les pertes. Ur peut être également utilisée pour la poursuite d'une situation, son renouvellement, si par exemple on souhaite que son contrat de travail soit renouvelé ou si on veut que son partenariat se poursuive. Avec Ehwaz, elle permet de faire en sorte qu'un déménagement se passe dans de bonnes conditions.

Avec Rad, elle donne la force et les capacités nécessaires aux changements importants. Elles peuvent être utilisées pour protéger sa voiture des pannes ou se protéger au cours d'un périple et se donner la force de le réaliser.

Elle transmet la force des aurochs, la résistance et la persévérance. Ur inversée fait disparaître la force d'une personne ou la puissance des autres runes et peut attirer des agressions ou des maladies, mais la personne qui utiliserait Ur ainsi pourrait perdre la raison et le sens des réalités. Elle peut également éviter les malheurs avec Ehwaz.

I 13) Thorn

ᚦ

Autres noms : Thurisaz (=géant), Thurs, Thiuth
Significations : Epine, géant, protection
Son ou lettre latine représenté(e) : Th, parfois la lettre D
Divinités tutélaires : Thor (celui qui contrôle les forces du chaos) et les géants (représentant les forces du chaos)
Animal totem : Scorpion
Arbres : Aubépine, arbres avec des épines, prunellier, le mûrier sauvage, chêne
Plantes : Joubarbe, la lunaire (monnaie du pape), sempervivum
Pierres : Saphir qui offre une protection, jaspe rouge, hématite
Elément : Feu
Couleur : Rouge vif
Polarité : Mâle

Sens Divinatoire :

Sens Droit :

Thorn annonce l'orage, voire la pluie au sens propre du terme, mais elle annonce également l'orage dans tous les sens secondaires du terme.

Thorn est une rune de mauvais augure qui annonce des difficultés à venir, des retards, des mauvaises décisions qui peuvent être prises, des épreuves, des obstacles, des problèmes psychologiques... Elle est le coup de tonnerre qui vient avant le violent orage. Ceci étant, en annonçant ces mauvaises nouvelles potentielles, elle incite à la prudence et à la vigilance. Elle conseille de ne pas se précipiter, d'attendre le moment propice pour agir, de prendre conseil auprès d'un professionnel quel que soit le domaine d'inquiétude du consultant. Elle le prévient que ses petits problèmes peuvent s'aggraver et lui nuire s'il n'y prend pas garde. Elle incite à faire des économies plutôt qu'à dépenser sans compter. Thorn encourage à faire preuve de combativité face à l'adversité afin d'écarter tous les obstacles qui se dressent devant soi. Elle invite également à affronter ses peurs et ses problèmes avant qu'ils ne deviennent insurmontables et conseille de ne pas se replier sur soi dans les moments difficiles.

Thorn annonce également que la personne qui consulte est à un moment déterminant de son existence, qu'elle va avoir des choix importants à faire et qu'elle ne doit pas laisser le hasard choisir pour elle. Il lui faudra prendre le temps de réfléchir pour prendre la bonne décision en discernant ce qui la freine de ce qui l'aide si elle veut éviter l'échec. Il faut aussi apprendre à se maitriser et surtout à maitriser l'énergie qui circule en soi. Il faut parvenir à équilibrer son envie d'agir et sa réflexion, son désir de combattre et sa stratégie.

Au niveau sentimental, Thorn annonce des perturbations, des risques de disputes, voire de ruptures qui peuvent être évités si le comportement adéquat est adopté suffisamment tôt, si les bons choix sont faits au bon moment. La rune est également un symbole de fertilité, donc potentiellement de grossesse, mais aussi d'énergie sexuelle.

Thorn est une rune de protection, elle est l'épine qui protège et blesse à la fois. Elle dispense sa protection de diverses manières, notamment en avertissant des mauvais choix possibles, en incitant à se méfier de son ambition démesurée mais aussi de son indulgence envers soi-même et envers les autres. Et si on comprend l'avertissement de cette rune, on en sortira grandi.

C'est aussi une rune de protection spirituelle qui assure de pouvoir se défendre contre les mensonges.

Sens à l'envers :

A l'envers, les aspects négatifs de Thorn sont adoucis même si elle insiste sur le fait que l'on est à deux doigts de prendre le mauvais chemin.

Elle indique une perte voire des blocages d'énergie, un état de faiblesse, une souffrance. Les runes qui l'entourent peuvent expliquer comment remédier à ces problèmes de santé.

Elle met en garde contre un potentiel risque d'accident ainsi que contre les colères et la violence dont fait preuve le consultant.

Utilité en magie :

Thorn a avant tout une vertu protectrice. Elle représente le marteau de Thor qui était utilisé comme amulette. De nos jours, elle peut toujours être gravée sur une amulette pour assurer la protection d'une personne aussi bien contre ses ennemis que contre les caprices du destin. Elle invoque la résistance des arbres épineux, le pouvoir des géants du givre, ce qui accroit notamment sa résistance aux attaques. Utilisée avec les bonnes runes, Thorn fait office de bouclier et peut stopper l'ennemi en lui retournant toutes ses énergies négatives. Avec Hagall, Nied ou Is, Thorn ralentit ou perturbe les attaques en cours. Avec Eoh ou Ehwaz, Thorn apporte la bonne fortune et une protection encore plus efficace. Avec Eolh, Thorn protège de toute nuisance, notamment contre des gens aux intentions indéterminées. En accolant deux runes Thorn, l'une inversée, l'autre dans le bon sens (ci-contre), on obtient un talisman qui protège une personne lorsqu'elle entre dans une zone mal famée.

Thorn garantit l'efficacité des runes utilisées avec elle en leur donnant plus de puissance. Par exemple, elle assure la victoire lors d'un procès si elle est utilisée avec Tyr. Certains la voient comme une porte d'accès à des plans d'existence supérieurs.

Elle peut être utilisée pour effectuer des changements soudains et bénéfiques, pour l'emporter dans tout conflit (conflit armé, mais aussi lutte interne pour obtenir une promotion, rivalité amoureuse …), pour triompher des obstacles, ou pour tout sport de combat.

Comme elle représente à la fois Thor et les géants du froid, elle peut être utilisée pour concilier deux forces opposées, dysharmoniques, et permettre d'aboutir à un résultat positif. Cela permet par exemple de faire appel à deux collègues qui ne s'entendent pas mais qui pourraient faire du bon travail ensemble s'ils parvenaient à dépasser leurs différences, et leur faire réaliser un projet en commun.

En magie sexuelle, elle peut être utilisée soit pour aider à se protéger des pannes sexuelles, soit au contraire à en provoquer. Elle peut aussi aider une femme à tomber enceinte ou à l'inverse, l'en empêcher… Elle apporte une grande énergie à celui qui l'invoque.

Thorn permet de prendre / retrouver confiance en soi, de persévérer dans l'effort, de vaincre sa timidité et son manque d'audace. Avec Rad en position normale, Thorn inversée peut contrôler la volonté des autres mais aussi permet de contrôler sa propre volonté, de ne pas se laisser influencer par d'autres.

Inversée, Thorn peut servir à lancer une malédiction. Elle doit être utilisée en premier pour fournir une énergie colossale à ladite malédiction. Cependant, le choc en retour pourrait être particulièrement puissant. Thorn est donc à la fois dangereuse pour le maudit et le lanceur de malédiction. Elle peut être utilisée pour provoquer des disputes dans un couple, mais cela ne permettra pas forcément d'en profiter pour consoler la personne de ce couple visée par le lanceur de sort, le choc en retour pourrait très bien l'atteindre par ricochet... Elle peut rendre les victimes folles ou malades, et accroit la peur des victimes déjà effrayées. Thorn inversée utilisée avec Rad permet de contrôler la volonté d'une personne.

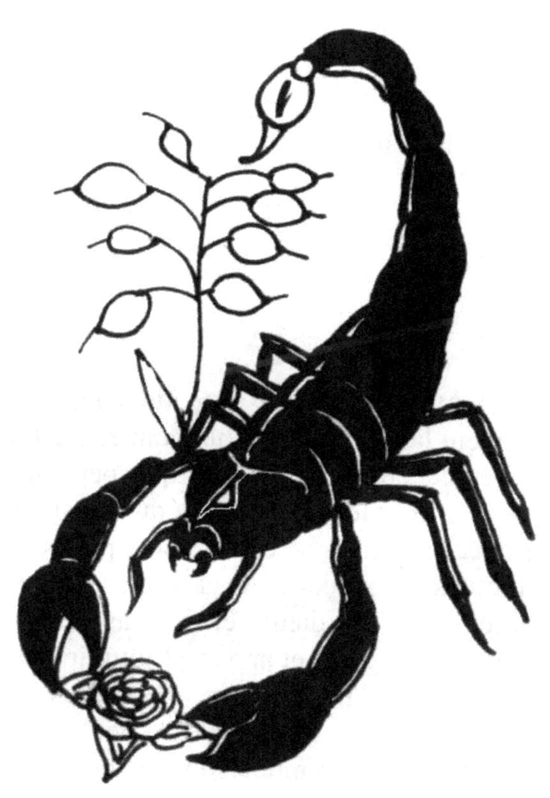

I 14) Ansur

ᚨ

Autres noms : Ansuz, Os, Ass, Ansus, As
Significations : Bouche, communication
Lettre latine représentée : A
Divinités tutélaires : Odin, les Ases
Animaux totems : Corbeau, corneille
Arbres : Frêne, tilleul, sorbier
Plantes : Amanite tue-mouches (à ne pas consommer, les overdoses sont fréquentes et la plupart du temps mortelles), la belle-de-jour à forme de trompette, fausse oronge, volubilis
Pierres : Saphir, lapis-lazuli, émeraude (=connaissance cachée)
Elément : Air
Couleurs : Indigo, bleu foncé
Polarité : Mâle

Sens Divinatoire :

Sens droit :

Ansur est avant tout une rune de communication. Elle transmet notamment la parole des dieux dont elle est la messagère. Elle conseille de rechercher les signes que peuvent envoyer les dieux en réponse aux questionnements du consultant et de les écouter même si ces réponses ne conviennent pas au dit consultant car elles sont porteuses de leçons. Ansur représente le savoir caché mis à disposition par les dieux et son apprentissage. Ansur transmet le savoir et la sagesse et apporte l'intuition et l'inspiration. Ainsi, en cas de test, Ansur inspire des idées auxquelles le consultant n'a pas pensé et en cas d'entretien d'embauche, elle suggère que le sens de la communication du consultant en rendra l'issue favorable.

Ansur évoque la visite de quelqu'un dont les conseils aideront le consultant. Elle lui conseille d'être à l'écoute de ses proches qui peuvent apporter conseils et réconfort, mais aussi de se laisser guider par son instinct, par ses guides. Les conseils, qu'ils viennent de proches ou de professionnels expérimentés, peuvent permettre d'améliorer sa situation financière en évitant notamment des dépenses inutiles.

Ansur recommande d'ouvrir son cœur et de communiquer davantage afin de dissiper les malentendus et d'améliorer ses relations. Elle permet également de libérer des liens psychologiques, des entraves à la réussite, voire elle peut indiquer un divorce si l'amour n'est plus présent ou si cela empêche la progression d'un des deux individus.

Ansur communique aussi via le son et les vibrations. Elle est liée à la musique, la chanson et la poésie, ce qui peut révéler des dons dans ce domaine. Ansur apporte également le souffle de vie nécessaire à toute création.

Elle représente éventuellement un homme d'un certain âge, notamment le père, ou bien encore un chamane, un magicien.

Sens à l'envers :

A l'envers, Ansur met en garde contre les conseils reçus qui ne sont pas pertinents et surtout contre les personnes qui les émettent car celles-ci sont plus préoccupées par leur propre intérêt que par celui du consultant. Elle indique également que ce dernier ne pose peut-être pas les bonnes questions.

Elle peut indiquer que des rumeurs circulent sur le consultant. Ce dernier fait l'objet de diffamation ou il est victime de quelqu'un qui se sert de son art de la parole pour le manipuler ou l'escroquer.

Le souffle de vie devient souffle de mort. Elle représente alors l'air pollué, voire l'empoisonnement.

D'un point de vue psychologique, si elle est tirée avec des runes négatives, elle signifie que le questionneur est atteint du syndrome de Peter Pan, et donc, qu'il ne veut pas grandir.

Utilité en magie :

Ansur peut être utilisée pour obtenir les connaissances d'Odin ou d'autres divinités, ou encore d'ancêtres disparus, à plus forte raison si elle est combinée avec Othel. Elle permet entre autre de renouer avec les êtres divins surtout si elle est utilisée avec Geofu. Ansur accroît également les pouvoirs magiques, les dons de voyance, de communication avec les divinités, voire facilite les voyages astraux.

Ansur permet de trouver l'inspiration et aide à rédiger tous types d'ouvrages (littéraires, techniques, scientifiques, comiques…) tout comme elle aide pour tous types de travaux intellectuels (recherches, transmission ou accroissement de connaissances…) ou de communication écrite ou verbale.

Elle attire la confiance des examinateurs lors d'examens ou d'entretiens d'embauche. Elle peut permettre de réussir un examen, surtout si elle est liée à une autre rune correspondant au domaine de l'examen. Avec Feoh, il peut s'agir d'un examen d'économie alors qu'avec Ger, ce sera plutôt un examen de droit. Avec Lagu, elle apporte le succès universitaire.

Avec Wynn, elle accroit la capacité créative d'une personne, sa capacité à réaliser pour parvenir à quelque chose de bien ou de beau.

Portée en amulette, elle développe vos capacités oratoires de son porteur, lui donnant la capacité de convaincre par ses discours et son charisme que ce soit au cours de simples discussions ou lors de débats importants. Le pouvoir de suggestion du porteur devient largement supérieur, à plus forte raison s'il combine sa capacité suggestive à un talent pour l'hypnose. En plus de cela, elle accroit les capacités de convaincre à l'écrit du porteur et améliore son sens de la négociation.

Avec Peorth, elle permet de redécouvrir des connaissances ou de retrouver la mémoire. Si les deux runes sont inversées, elles provoquent des pertes de mémoire.

Avec Daeg, elle peut aussi représenter les gains financiers. Avec Geofu, elle apporte la bonne fortune.

Elle est également utilisée pour protéger les enfants et pour se défendre contre les influences néfastes, notamment contre les beaux parleurs qui pourraient vouloir escroquer quelqu'un, le manipuler, ou contre des diffamations.

Ansur amplifie le lien entre les runes. Elle peut être utilisée pour accroitre un fait déjà existant. Elle accroit aussi l'empathie.

I 15) Rad

Autres noms : Raidho, Raido, Reid, Radh
Significations : Chariot, roue, voyage, mouvement
Lettre latine représentée : R
Divinités tutélaires : Thor, Nerthus, Ing
Animal totem : Faucon
Arbres : Chêne, viorne commune
Plantes : Armoise, gueule-de-loup en forme de sac
Pierres : Chrysoprase, rubis, topaze
Elément : Air
Couleurs : Rouge vif, bleu azur
Polarité : Mâle

Sens Divinatoire :

Sens Droit :

Rad est avant tout la rune des voyages. Ainsi elle annonce un voyage d'agrément très plaisant qui peut permettre d'accroitre les connaissances, des vacances à l'improviste mais il peut aussi s'agir de paroles ou d'écrits qui voyagent, autrement dit, le fait de recevoir et d'émettre des messages, du courrier (mail et papier), des coups de fil… Au sens propre, elle représente l'homme sur sa monture.

Rad est aussi la rune du cycle perpétuel de l'évolution de l'homme et du destin représenté par la roue qui tourne. Elle encourage à faire de nouvelles découvertes, à passer de la théorie à la pratique, à aller là où le consultant n'est jamais allé. Elle encourage le consultant également à contrôler sa vie, comme on contrôle son véhicule, à prendre ses propres décisions et à les mettre en exécution pour obtenir ce qu'il désire. Rad l'aide aussi à rester maitre de ce qui lui arrive.

Elle annonce des changements provoqués, rapides et bénéfiques dans tous les domaines qu'il s'agisse d'argent, de travail ou d'amour. Par exemple, si la vie amoureuse du consultant stagne, Rad lui annonce qu'elle va évoluer pourvu qu'il bouleverse ses habitudes. Si le consultant est célibataire, elle lui conseille de rechercher une nouvelle relation, celle-ci ne sera peut-être pas le grand amour, mais plutôt une belle amitié qui lui fera du bien. D'un point de vue sexuel, elle apprend à maitriser sa force animale pour sacraliser l'acte en soi.

Sens à l'envers :

A l'envers, les projets quels que soient les domaines, sont compromis, annulés ou bien moins satisfaisants qu'ils ne devraient l'être. Elle avertit le consultant qu'il y a de fortes chances que les choses tournent mal, surtout s'il part en voyage. Il risque de perdre le contrôle des choses, même sa santé peut en pâtir.

Rad conseille de ne plus lutter contre le destin, mais de laisser les événements suivre leur cours afin d'économiser ses forces.

Elle est aussi symbole d'errance et de fuite. Elle annonce aussi un certain état mélancolique parce que l'être aimé ne partage pas les sentiments du consultant et l'encourage à lutter contre son envie de solitude pour s'en sortir. Elle le prévient que l'un de ses proches souffre de détresse morale ou physique et a besoin de son soutien pour remonter la pente.

Enfin, elle conseille au consultant de faire attention à ceux qui se prétendent ses amis, il se peut qu'ils n'aient pas autant d'affection pour lui qu'il le pense, qu'ils soient fourbes.

Utilité en magie :

En amulette, elle protège son porteur lors de courts déplacements quotidiens, lors de voyages sur terre, en mer, dans les airs ou alors lors de voyages plus spirituels vers d'autres mondes. Avec Ehwaz, Rad apporte des conditions idéales pour tous les voyages. Elle protège également le transfert d'informations et de biens lors de déménagements par exemple. Avec Ur, Rad accroit sa protection pendant les voyages alors qu'avec Feoh, elle permet d'obtenir des gains durant ces mêmes voyages. Par contre, si Rad est utilisée avec Hagall, il y a un grand risque d'accident au cours d'un voyage ou d'un simple trajet et si Rad est utilisée avec Is, elle empêche un voyage d'aboutir.

Elle peut renforcer la confiance en soi, l'assurance et sa capacité à contrôler son environnement par sa volonté, notamment lors de rituels, en dirigeant l'énergie là où elle est le plus utile. Elle peut aussi permettre de prendre le contrôle de sa destinée, en se donnant l'impulsion nécessaire à la mise en œuvre de projets. Si elle est utilisée avec Sigel, elle accroit fortement la stimulation dans son travail ce qui permet de travailler plus longtemps sans fatigue pendant quelque temps. Utilisée avec Ken, Rad accroit la créativité.

Elle garantit le succès si elle est utilisée avec des runes positives. Elle favorise les réalisations des autres runes. Utilisée avec Tyr, elle apporte une fin heureuse aux litiges tant que la personne reste dans son bon droit.

I 16) Ken

Autres noms : Kenaz, Cen, Kaun, Kusma
Significations : Torche, connaissance
Lettres latines représentées : K ou C
Divinités tutélaires : Heimdall, Freyja, Balder
Animal totem : Salamandre
Arbres : Pin, myrtille, coudrier, renforce les ajoncs
Plantes : Coucou, églantine
Pierres : Jaspe rouge, cornaline, héliotrope
Elément : Feu
Couleurs : Rouge, Orange
Polarité : Femelle

Sens Divinatoire :

Sens Droit :

Ken est une rune de la connaissance qu'elle donne en montrant les choses d'une autre manière. Elle apporte la lumière dans tous les domaines telle une torche éclairant une grotte. Elle fait découvrir de nouvelles voies, de nouvelles opportunités et révèle les talents cachés dans tous les domaines mais surtout dans le domaine créatif, à plus forte raison si elle est accompagnée de runes de la communication. Elle permet au consultant d'entreprendre une métamorphose qui lui permettra de se réaliser en suivant son propre chemin. Elle encourage à transformer ses passions en activités lucratives.

Elle aiguise les sens du consultant pour l'aider à anticiper tous les dangers présents sur sa route et les éloigne de lui grâce au feu de sa torche qui illumine et éloigne les animaux sauvages. Cependant, si le consultant ne maitrise pas son feu, il risque de se brûler ou de provoquer des incendies, il faut rester prudent.

En affaires, l'esprit d'initiative du consultant est reconnu ainsi que sa capacité à gérer ses affaires.

Du point de vue de la santé, Ken indique la convalescence mais surtout la récupération de ses forces, le fait de retrouver son énergie et son moral. Elle peut indiquer un furoncle ou une blessure.

Au niveau sentimental, elle ouvre les yeux sur la nature des sentiments de proches, bons ou mauvais, amicaux ou amoureux, et dévoile ce que le consultant peut apprendre de ses proches et inversement. Si le consultant s'interroge sur les sentiments d'un ami à son égard, elle lui confirme une forte amitié entre eux qui peut évoluer vers une plus belle histoire, allant jusqu'au Grand Amour. Ken indique aussi les nouveaux départs en amour, que ce soit de nouvelles rencontres ou bien un renouveau dans un couple existant, un réveil des sentiments permettant de raviver une passion éteinte depuis longtemps. Liée au feu, elle prédit une activité sexuelle intense. Elle peut annoncer un cadeau, que ce soit un cadeau fait ou à faire, le plus souvent d'un homme à une femme, un cadeau ayant une signification particulière.

Sens à l'envers :

A l'envers, Ken représente l'absence de lumière.

Au niveau sentimental, les sentiments de certaines personnes peuvent être feints ou certains proches doutent du consultant. Elle révèle aussi que le consultant se cache trop, qu'il se limite trop, qu'il a des difficultés à communiquer, à se faire comprendre. La passion pourrait s'éteindre faute de communication.

Ken indique aussi des difficultés au travail qui risquent de se traduire par des pertes financières ainsi que des problèmes de santé ou des risques de disputes.

Enfin, elle dévoile une perte de vitalité et une dispersion de son énergie si le consultant ne se contrôle pas.

Utilité en magie :

Ken est utilisée pour les charmes de guérison, pour accroitre son magnétisme, pour repousser les énergies négatives et attirer les bonnes énergies ce qui accroit le bien être physique et mental et son dynamisme. Elle est sensée lutter contre les effets des poisons. Utilisée avec l'héliotrope, elle est sensée arrêter les saignements. Avec Eoh, elle aide à se rétablir d'une maladie grave. Avec Sigel, elle permet de récupérer facilement après un effort physique.

Elle renforce la concentration et permet d'acquérir des connaissances occultes grâce aux voyages astraux. Elle sert alors de phare pour aller et venir en toute sécurité et permet de mieux comprendre les messages de ses guides intérieurs. Elle facilite la méditation qui permet l'éveil spirituel. Avec Rad, Ken permet de connaître le bon chemin à prendre, elle permet de ne pas se perdre en cours de route mais aussi de se faire pistonner par des gens influents. Avec Sigel, elle permet de voir clairement.

Ken permet de renforcer ses compétences dans tous les domaines et lutte contre la timidité qui empêche de réussir dans son domaine de prédilection. Avec Ansur, Rad, Wynn, Hagall, Eolh, Ken donne l'inspiration qui permet la création, notamment dans les arts et l'artisanat. Avec Lagu, Ken permet de dévoiler les talents cachés pour réussir dans ces domaines.

Ken favorise les nouveaux départs dans la vie, apportant ainsi l'espoir d'une vie meilleure. Elle permet de développer de nouveaux projets.

Elle assure la stabilité dans les relations, la réciprocité des sentiments et permet d'accroitre l'attirance sexuelle. Avec Geofu, Ken permet de consolider une relation.

Ken peut dévoiler également les secrets, tout ce qui est caché, notamment ce qui est caché dans les autres runes. Avec Nied, Is, Ken permet de dissimuler des actions ou des pensées.

Avec Othel renversée, Ken entrave les actions de la personne visée. Il peut s'agir de la ralentir dans ses projets, mais aussi de lui faire abandonner de mauvaises habitudes. Cette rune liée est particulièrement utile pour ceux qui veulent arrêter de fumer.

I 17) Geofu

Autres noms : Gebo, Gifu, Gipt
Signification : Un don
Lettre latine représentée : G
Divinités tutélaires : Odin, Thor, Freyja
Animal totem : Abeille
Arbres : Frêne, orme des montagnes
Plantes : Pensée, Aurone
Pierre : Opale
Elément : Air
Couleurs : Bleu profond / Doré
Polarités : Mâle et femelle

Sens Divinatoire :

Sens Droit :

Geofu est la rune de tous les dons : matériel, altruisme, temps, générosité, elle peut même indiquer le don de sa vie que ce soit pour ses proches ou ses idéaux. Tous ces dons ont pour effet d'élever l'âme. Il peut s'agir de dons que le consultant fait ou qui lui sont faits. Il faut donc être capable de donner et de recevoir en toute humilité les dons d'où qu'ils viennent. Cependant, il ne faut donner qu'à ceux qui sont prêts à recevoir son don pour ne pas gaspiller ses biens et son énergie.

Rune de l'échange et du partenariat, elle représente aussi les alliances et l'entraide entre les hommes mais aussi entre les hommes et les divinités. Elle annonce que des pactes, des accords égalitaires vont être signés et que des partenaires faits pour s'entendre ne vont plus tarder à se rencontrer. Le consultant ne doit pas refuser les rencontres ou les contrats qui pourraient changer sa vie. Elle annonce aussi une prime ou un avancement si le consultant fait preuve d'un minimum d'opportunisme.

Au niveau sentimental, Geofu indique que des âmes sœurs vont bientôt se rencontrer et qu'une simple liaison peut évoluer vers le mariage. Dans tous les cas, elle annonce une union (mariage, pacs…) prochaine et parfaitement équilibrée entre les deux protagonistes. Des cadeaux très appréciables seront faits au consultant à cette occasion, ce qui inaugurera une période faste pour le couple. Elle annonce aussi que le consultant a besoin de donner son amour à ses proches et qu'il va prendre le temps de s'occuper d'avantage d'eux et eux de lui. Elle annonce éventuellement des retrouvailles.

Elle représente aussi l'équilibre et l'harmonie dans tous les domaines. Elle annonce que le bonheur est à la portée du consultant et que ce dernier va attirer à lui la chance et la réussite qui seront renforcées par le fait qu'il en fera profiter ceux qu'il aime.

Sens à l'envers :

Geofu ne peut être inversée normalement mais si comme les miennes, les runes du runiste sont marquées et que Geofu apparaît à l'envers, elle peut annuler les effets positifs des runes qui l'entourent.

Elle peut confirmer la venue de problèmes et conseille alors de se méfier de certains investissements douteux ou plus aussi rentable qu'au départ ainsi que de personnes qui sont moins fiables qu'il n'y parait et qui pourraient vouloir reprendre la parole qu'ils ont donnée. Il s'agit donc de faire attention aux dons reçus, ils pourraient être inadéquats à la situation, perçus comme des pots de vin ou encore empoisonnés, au sens propre ou figuré.

Geofu peut signifier que le consultant n'a pas effectué un don nécessaire à son projet, que ce soit un don aux divinités pour protéger son projet, ou bien un manque d'investissement de sa part. Elle peut signifier aussi de faire attention aux dons que le consultant fait qui pourraient être mal interprétés ou inadaptés aux circonstances ou au receveur.

Il se peut aussi que le consultant ait du mal à comprendre certains de ses proches ou relations et qu'il soit un peu trop égoïste.

Utilité en magie :

Geofu peut annuler les effets positifs des runes utilisées avec elle. Elle peut être utilisée avec une opale comme amulette ou pour maudire quelqu'un.

Elle permet de développer ses pouvoirs « magiques » de manière équilibrée, d'apporter un certain équilibre entre la théorie et la pratique des arts divinatoires et autres pratiques ésotériques.

Quand elle est entre deux runes, Geofu permet de les lier ensembles et d'équilibrer leurs énergies, de réconcilier les forces opposées comme les forces masculines et féminines ou comme le physique et le mental.
Si elle n'est pas inscrite comme une croix mais plutôt comme deux Ken opposées, elle peut lier des humains (ci-au-dessus, l'un en face de l'autre) de manière égalitaire (par mariage, alliance professionnelle...), ou relier les humains au divin (ci-contre, l'un au-dessus de l'autre). Elle favorise autant les unions mystiques que les unions humaines.
Elle permet la bonne entente entre les hommes, que ce soit au sein du cercle familiale ou entre inconnus, et favorise l'amour et

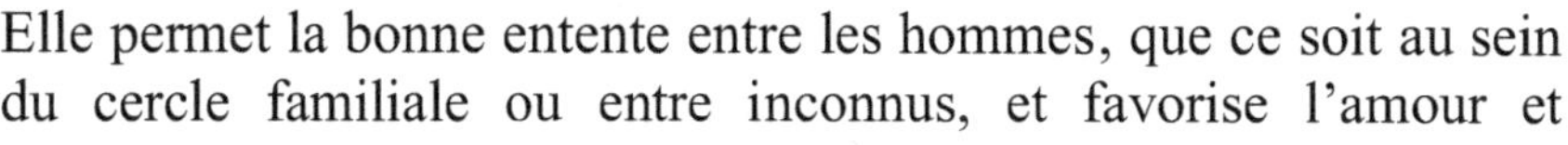

l'harmonie dans les couples ou dans les relations amicales ou de travail. Elle est aussi la rune de la magie sexuelle.
Avec Is, Geofu permet d'affaiblir un groupe de personnes qui cherchent à nuire au consultant.

Elle permet de vaincre sa timidité pour aller plus facilement vers les autres et se faire des amis voire pour exprimer ses sentiments.

Avec Wynn, elle représente le don de la Joie, elle devient donc un symbole de bonheur.

I 18) Wynn

ᚹ

Autres noms : Wunjo, Wyn, Vend
Significations : Joie, prospérité
Lettres latines représentées : W, parfois V
Divinités tutélaires : Odin, Ull, Frigg
Animal totem : Chien
Arbre : Frêne
Plantes : Lin, nigelle de Damas
Pierres : Diamant, agate mousseuse
Elément : Air
Couleurs : Jaune, doré
Polarité : Mâle

Sens Divinatoire :

Sens Droit :

Wynn est une des runes les plus bénéfiques du futhark car elle apporte la santé, la richesse et le bonheur dans tous les domaines. Elle marque une évolution qui va permettre au consultant de révéler tout son potentiel et d'atteindre la réussite voire très probablement, la promotion visée. Elle lui rappelle qu'il ne faut jamais oublier ses rêves et qu'il a tout ce qu'il faut en lui pour les atteindre.

Wynn peut aussi représenter les réjouissances, les fêtes dont il faut profiter pleinement. Elle annonce au consultant des événements qui vont le rendre heureux et lui donne la force vitale pour les attirer à lui. Elle apprend aussi à rester positif en toutes occasions. Elle apporte également de bonnes nouvelles lorsqu'elle est entourée de runes de la communication positives mais de mauvaises si les runes sont inversées, ou bien les nouvelles ne viendront pas ou très tardivement.

Au niveau sentimental, Wynn annonce notamment la naissance d'un nouvel amour, d'une nouvelle passion. Elle peut aussi venir renforcer une relation déjà épanouissante. Elle rappelle également que l'on est plus heureux en bonne compagnie que tout seul dans son coin.

Elle peut représenter les personnes faisant partie d'une même famille, d'un même clan.

Wynn encourage à se débarrasser de ses problèmes et de son envie de ne rien faire pour pouvoir aller de l'avant. Elle rappelle aussi que l'union fait la force et qu'il vaut mieux demander de l'aide à son entourage que de baisser les bras face à l'adversité. Elle encourage aussi à retrouver son bel optimisme.

Sens à l'envers :

A l'envers, les aspects négatifs de Wynn sont aussi puissants que ses aspects positifs quand elle est à l'endroit : ennuis au travail et de santé, mauvaises nouvelles, vie familiale instable, violente séparation, abattement, gros ennuis professionnels et financiers se traduisant souvent par une perte d'emploi ou d'argent, problèmes lors de déplacements ou de voyages qu'ils soient effectués à pieds ou en véhicule.

La volonté du consultant est entravée et il ne peut réaliser ses souhaits. S'il ne se décide pas à oublier son passé qui le freine, il n'atteindra jamais le bonheur.

Elle peut aussi signifier que le consultant est victime d'une attaque de magie noire (malédiction, possession, envoûtement…).

Seules des runes positives peuvent atténuer ces éléments négatifs.

Utilité en magie :

Wynn est la rune des vœux dans tous les domaines tant qu'il ne s'agit pas de malédiction. Elle permet d'accomplir sa volonté, ses désirs profonds, d'obtenir entre autre la réussite, le bonheur (en ménage mais aussi la joie ou le bonheur d'une manière encore plus générale), la guérison, la paix (la paix intérieure, la sérénité mais aussi la paix entre les êtres, la fin ou l'évitement des disputes), l'Amour (demander une rencontre, renforcer des liens ou transformer une relation affective existante en amour véritable). Son pouvoir est renforcé par Rad qui lui permet de contrôler ses vœux.

Utilisée avec Ken, Wynn aide à accroitre sa créativité et à faire reconnaître son talent.

Wynn peut-être utilisée avec le diamant comme amulette et dans ce cas là, le diamant apporte la bonne fortune (en même temps, un diamant, ce n'est pas donné à tout le monde !).

Utilisée avec la Nigelle de Damas, Wynn permet de mettre un terme à une relation difficile.

On peut aussi l'utiliser pour qu'un voyage se passe bien, que ce soit des vacances, des déplacements ou un voyage astral.

Elle consolide les liens entre les runes et est souvent utilisée en dernier dans une inscription pour signifier la réussite et le bonheur.

Sa force positive est tellement importante qu'elle protège son porteur de la magie noire (envoûtement, possession…).

Quand elle est à l’envers, avec Is et Nied, le résultat de travaux créatifs sera très mauvais. Avec Is, elle peut aussi créer des obstacles alors qu’avec Nied, elle permet de tenir bon malgré les épreuves.

I 2) Le Huit de Hagall

Le deuxième groupe de runes ne porte pas le nom d'un dieu, mais d'une de ses runes qui signifie « grêle ». Certains runistes l'attribuent néanmoins à Heimdall, le gardien des portes d'Asgard. Les runes du Huit de Hagall se rapportent à l'avenir et à l'accomplissement. Elles permettent d'avancer sur le chemin de la connaissance et de la maitrise de son destin. Elles symbolisent les forces de la nature perturbatrices de la vie quotidienne.

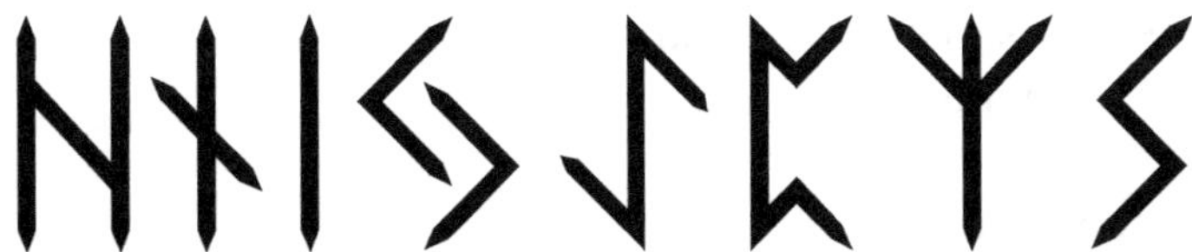

Hagall Nied Is Ger Eoh Peorth Eolh Sigel

I 21) Hagall

Autres noms : Hagalaz, Haegl, Hagel
Signification : Grêle
Lettre latine représentée : H
Divinités tutélaires : Urd, Hella, Heimdall, Rind
Animal totem : Castor
Arbres : If, chêne, frêne
Plantes : Bryone, fougère, muguet, Hagall protège les plantes cultivées loin de leur milieu naturel comme les orchidées.
Pierres : Onyx, cristal de roche
Elément : Eau (grêle)
Couleurs : Gris, blanc, bleu clair
Polarité : Femelle

Sens Divinatoire :

Sens Droit :

Dans la mesure où elle représente la grêle, si l'on pose une question sur le temps, on peut considérer que le mauvais temps arrive à grand pas ! Hagall représente aussi bien la grêle que la neige. Elle représente aussi la vie et la fertilité grâce à l'eau qu'elle apporte lorsque la grêle / neige fond. Elle représente aussi le passage d'un état à l'autre, de la glace à l'eau, de l'inaction à l'action, de l'éveil de la connaissance.

Hagall est la rune des perturbations, mais pas forcément des perturbations néfastes mais sur lesquelles on n'a aucun contrôle ou presque. Ces événements arrivent souvent de manière inattendue et peuvent causer des chocs. Ces perturbations peuvent aussi résulter de changements nécessaires qui, même s'ils perturbent l'existence du consultant, peuvent lui permettre d'avancer. Il va donc lui falloir s'adapter. Un nouveau cycle va bientôt commencer plus calme qui le mettra à l'abri. Mais il faut de la patience et ne pas précipiter ses décisions. Elle annonce des épreuves qu'il sera nécessaire d'affronter mais qui fondront comme neige au soleil et qui permettront au consultant d'en tirer des leçons pour pouvoir réaliser ses rêves. Hagall le prévient des difficultés pour l'encourager à prendre des précautions, à se construire un abri solide pour laisser passer l'orage tout en se préparant à sortir au retour du soleil ! Elle met en garde contre les difficultés financières à venir et conseille d'économiser pour éviter la faillite. Elle incite à se méfier d'un potentiel contrôle fiscal qui pourrait nuire à son équilibre financier. Elle conseille de ralentir son rythme de vie et annonce que le consultant triomphera des épreuves à venir si elle est entourée de runes positives qui peuvent apporter la stabilité ou expliquer d'où viendront les épreuves.

D'un point de vue santé, il est conseillé de se couvrir correctement pour éviter de tomber malade.

Sens à l'envers :

Hagall ne peut être à l'envers, mais comme elle annonce des perturbations dans tous les domaines, elle est souvent considérée comme encore plus négative si la rune a été marquée pour connaître son sens. L'origine des perturbations vient surtout du passé de l'individu, d'un événement, de leçons non apprises, peut-être d'une vie antérieure qui influe toujours sur la personne. Il ne faut pas se laisser aller, il faut agir pour régler ce problème avec efficacité. Elle explique aussi que si le consultant n'est pas prêt à évoluer, les blocages qui lui font obstacle vont persister, il faut donc se préparer physiquement et mentalement à atteindre le prochain stade de son évolution personnelle.

Avec Othel renversée, Hagall annonce un retard important dans une action, une entreprise... Il ne faut pas prendre de risques financiers, le consultant pourrait tout perdre.

Au niveau sentimental, une crise est proche et peut aboutir à une séparation ou un divorce. Il est nécessaire d'accepter les reproches mérités mais il ne faut pas pour autant se laisser marcher sur les pieds. Les reproches justifiés à son partenaire ne doivent pas être exagérés non plus, le manque de tact ou l'exagération pourrait conduire à la rupture. Cependant cette rupture est parfois un mal pour un bien, car cela peut annoncer à long terme une nouvelle histoire meilleure que celle qui vient de se terminer. Si le consultant veut éviter la crise, il lui est nécessaire d'opérer des modifications dans son comportement ou dans sa vie pour changer les choses.

Utilité en magie :

Hagall peut être utilisée pour apporter la chance et lutter contre les coups du sort. Utilisée avec une pierre d'Onyx, Hagall apporte force et soutien à celui qui le porte. Elle peut accroitre la lucidité et montrer le moyen à employer pour résoudre ses problèmes. Elle force à prendre une décision réfléchie qui était repoussée depuis longtemps.

Avec Peorth, elle apporte de l'argent sans travailler, un gain aux jeux ou un héritage par exemple.

Avec Ken, en plus de donner l'inspiration créative, elle accroît la fertilité du corps, elle peut donc être utilisée lorsqu'on désire tomber enceinte. Avec Ing, elle favorise la naissance d'enfants et de projets.

Elle peut être utilisée comme lien entre notre monde et les mondes supérieurs.

Elle peut être invoquée pour faire venir les orages et la grêle mais également pour s'en prémunir. Dans ce cas, les gens la plaçaient au-dessus des portes.

Avec Rad, Hagall permet de renvoyer des mauvais souhaits à leur envoyeur, voire de renvoyer des malédictions à leur lanceur, mais il serait préférable d'y ajouter la force destructrice de Thorn inversée pour renvoyer une malédiction puissante. Avec Othel renversée, Hagall provoque un retard dans une entreprise. Elle peut ralentir une action, une attaque. Avec Nied, elle permet de bloquer une situation.

Avec Tyr, Hagall donne des pouvoirs créateurs et formateurs à celui qui l'utilise. Si les deux runes sont inversées, Hagall donne des pouvoirs destructeurs.

En magie noire, elle permet d'envahir les rêves de quelqu'un ou de l'attaquer lors de voyages astraux. Elle peut créer la confusion et la rupture. Elle peut faire se retourner le passé de quelqu'un contre lui-même.

Quand elle est associée à des runes à l'envers, elle augmente leur négativité.

I 22) Nied

Autres noms : Naudhiz, Nauthiz, Need, Naudr, Nyd, Not
Significations : Dénuement, besoin
Lettre latine représentée : N
Divinités tutélaires : Skuld, Nótt
Animal totem : Chien
Arbres : Hêtre, sorbier des oiseleurs, bouleau
Plantes : Serpentaire, crocus, bistorte, liane à serpent
Pierre : Lapis-lazuli
Elément : Feu (Nied peut représenter 2 bâtons de bois frottés l'un contre l'autre pour faire naitre le feu)
Couleur : Noir
Polarité : Femelle

ᚾ

Sens Divinatoire :

Sens Droit :

Nied annonce une période de privation, de manque et des contraintes dans tous les domaines : des obstacles et des ralentissements en affaires, des problèmes de santé, l'absence de l'être aimé… Ce manque ou cette contrainte empêchera le consultant d'être constructif. Nied lui conseille de réfléchir à la cause de ses problèmes qui sont à l'origine de ce manque avant d'agir pour y mettre un terme. Elle l'avertit que les temps vont être durs et l'encourage à faire preuve de patience face aux événements qu'elle prédit, à se contenter de l'essentiel pendant un temps mais elle lui donne également l'espoir d'un avenir meilleur. Nied peut conseiller de ralentir un projet qui progresse trop rapidement, de freiner son enthousiasme.

Nied exprime la nécessité d'un changement pour pouvoir poursuivre son évolution et donne la force nécessaire à la réalisation de ce changement. Elle annonce que des changements vont survenir suite aux épreuves surmontées car celles-ci auront apporté un enseignement, même si elles auront nécessité un sacrifice de la part du consultant. Nied apporte le courage de surmonter les épreuves et apporte la motivation nécessaire pour changer de vie. Elle encourage à faire preuve de discipline, de prévoyance et de détermination pour atteindre ses objectifs. Elle motive à réduire les déséquilibres de sa vie et à combler ses vides pour ne pas stagner, pour que sa vie ne ressemble pas à un lac gelé : potentiellement fertile mais inerte.

Nied annonce aussi des problèmes relationnels divers : un amour à sens unique, un déséquilibre dans une relation (l'un des deux qui est beaucoup plus investi que l'autre), une relation toxique. Elle annonce un manque affectif que le consultant va chercher à compenser. Elle invite à la prudence et déconseille de céder aux tentations de toutes sortes.

Sens à l'envers :

Nied ne peut être inversée, cependant, si la rune est marquée pour connaître son orientation, on peut estimer que si on ne prend pas en considération l'avertissement qu'elle donne, les problèmes continueront et s'aggraveront jusqu'à ce que le consultant agisse pour que les choses changent.

On conseille aussi d'être moins matérialiste et d'éviter les abus alimentaires pour rester en bonne santé.

Elle annonce un événement qui effrayera tellement le consultant qu'il le paralysera et l'empêchera d'agir.

Utilité en magie :

Nied permet de lier les runes entre elles. Si elle est utilisée avec Hagall ou Is, les liens qu'elles créent sont presque impossibles à détruire.

Nied, utilisée avec un lapis-lazuli, apporte force et soutien dans les situations difficiles. Elle est surtout utilisée pour parvenir à réaliser des objectifs à long terme particulièrement laborieux avec prudence et persévérance, nécessitant parfois même de lutter contre son destin.

Nied est utile en magie défensive. Elle permet de freiner ou de retarder une action magique. Elle permet de gagner du temps ou de ralentir un projet qui avance trop vite.

Autrefois, les guerriers dessinaient cette rune sur le revers de leur main gauche afin d'éviter que leur femme ne leur soit infidèle lorsqu'ils partaient en guerre.

En divination, elle représente le manque, en magie, elle est utilisée pour combler des manques : manques sexuels (se trouver un amant ou une maitresse, mais aussi pour avoir une vie sexuelle épanouie), manques de caractère (manque de volonté et de courage, de patience et de capacité à méditer, de réflexion et de bon sens…), manques de protection (apportant ainsi une protection physique et psychologique).

Elle permet aussi de provoquer des manques, parfois pour le bien de tous, puisqu'elle permet parfois de supprimer la haine que ressentent certaines personnes, ou bien de mettre un terme à des conflits si elle est utilisée correctement.

Dans la mesure où elle donne la force de surmonter les épreuves de sa vie, elle accroit la volonté, ce qui permet de développer ses capacités magiques (divinatoires, magie « pure »…).

Elle permet de lutter contre la sécheresse et renforce la résistance.

I 23) Is

ᛁ

Autres noms : Isa, Eis, Iss
Significations : Glace, force statique
Lettre latine représentée : I
Divinités tutélaires : Verdandi, Skadi, Rind, Géants du froid
Animaux totems : Ours blanc, phoque
Arbre : Aulne
Plantes : Jusquiame vénéneuse, pois de senteur (qui symbolise les relations), le crann-gafainn écossais, pervenche
Pierres : Œil de tigre, œil-de-chat
Elément : Eau (Glace)
Couleurs : Blanc, noir
Polarité : Femelle

Sens Divinatoire :

Sens Droit :

Is ne peut être retournée, mais ses significations peuvent avoir un double sens opposé. Elle représente parfois deux forces antagonistes.

Is est la rune de l'immobilité et de l'attente dans tous les domaines, domaines souvent déterminés par les runes environnantes. Tout peut être bloqué indépendamment de la volonté du consultant et aucun changement ne peut être effectué dans l'immédiat. Dans certains cas, il peut s'agir d'un contretemps sans conséquence. Cependant, si Is empêche d'avancer, elle empêche également de reculer en protégeant de toute attaque. En cela, elle peut être considérée comme un bouclier ou comme un obstacle.

Is peut représenter l'attente qui précède une bataille : elle peut donc présager que des changements vont bientôt survenir, qu'une période charnière est proche. En attendant cette transformation, elle suggère au consultant de se recentrer sur lui, de réfléchir pour ne pas prendre de décisions hâtives qui pourraient être désastreuses, de prendre du recul et du repos. Tout cela afin de retrouver des forces, de pouvoir s'affirmer et de renforcer sa confiance en soi. Elle enseigne aussi la patience et le calme permettant de méditer sur soi pour apprendre des choses sur soi-même jusque là ignorées (des dons cachés…).

Comme elle empêche les changements, elle représente la préservation et la conservation des choses et des situations. Ainsi, elle empêche l'évolution. Mais ce n'est pas forcément une mauvaise chose car elle empêche une évolution trop rapide et désordonnée. Sa puissance agit dans le calme et l'immobilité. Elle conseille de s'arrêter et de réfléchir pour mieux maitriser sa situation. Elle encourage à garder son sang-froid en toutes circonstances.

Au niveau sentimental, Is peut soit représenter la permanence de ses sentiments, soit signifier un refroidissement de ses relations voire une séparation, un divorce. Le consultant peut aussi avoir besoin de réfléchir à ses relations, de faire un break.

Is, de par son lien avec la glace qui peut céder sous ses pas en plein milieu d'un lac gelé mais qui montre pourtant un beau visage au soleil, peut vouloir faire prendre conscience au consultant de l'hypocrisie dont il fait preuve ou dont on fait preuve à son égard. Mais également que son arrivisme ne lui sert à rien, bien au contraire.

Sens à l'envers :

Is ne peut être renversée mais si son sens est marqué, elle indique que les difficultés professionnelles et relationnelles, quelles qu'elles soient, ou que les petites brouilles seront de courte durée. La période est certes noire mais ne le restera pas longtemps. Elle conseille d'effectuer une petite retraite dans un coin tranquille pour retrouver la santé physique et morale, que ce soit dans un monastère ou qu'il s'agisse simplement d'une petite promenade dans la nature.

Utilité en magie :

Is a le pouvoir de retarder ou de bloquer les attaques, de poser des embuches à ses ennemis. Elle sert de bouclier contre tout type d'attaque ou d'envoûtement qu'elle rend inefficace. Elle protège son porteur avant de débuter des changements. Is est probablement la seule rune capable de contrer les attaques de Thorn. Elle permet aussi de protéger des blocages.

Elle peut maintenir, calmer ou faire durer une situation, permettre une certaine stabilité, développer sa concentration, sa résistance et sa volonté. Elle peut être utilisée pour stopper toute activité, toute relation, tout lien affectif mais ne doit surtout pas être utilisée pour faire évoluer une situation. Elle peut permettre de préserver et/ou conserver une relation, un statut social, une situation, une influence ou encore de briser une situation créée par d'autres runes.

Associée à l'œil de chat, elle est sensée guider son porteur dans la nuit.

Avec Daeg, Is peut être utilisée pour mettre un terme aux difficultés.

Elle préserve le pouvoir des autres runes utilisées avec elle mais peut être utilisée aussi pour neutraliser le pouvoir d'autres runes.

I 24) Ger

Autres noms : Jera, Ar, Gar
Significations : Moisson, saison, année, réalisation
Lettres latines représentées : J ou Y
Divinités tutélaires : Frey et Freyja, Balder et Höder
Animal totem : Hirondelle
Arbres : Chêne, arbres fruitiers
Plantes : Romarin, bleuets, coquelicot
Pierres : Cornaline, citrine
Elément : Terre
Couleur : Vert, bleu clair
Polarités : Mâle et femelle

Sens Divinatoire :

Sens Droit :

Ger représente l'aboutissement d'un cycle et la venue d'un nouveau cycle dans sa vie. Il peut s'agir de la fin d'un cycle négatif, d'une période où les ennuis se sont succédés, avec la venue de solutions à ses problèmes, de bonnes nouvelles et d'une certaine stabilité. Il peut aussi s'agir de la fin d'une période faste, ou d'un besoin de liberté réprimé. Elle encourage à prendre des risques pour pouvoir aller de l'avant et amorcer un tournant positif dans sa vie. Elle conseille au consultant aussi de profiter pleinement de ce que la vie lui a donné car elle peut tout reprendre du jour au lendemain. Elle conseille aussi de se préparer pour les prochaines épreuves. Bien que le consultant ait parfaitement le droit de profiter du fruit de son labeur, notamment par des festivités, il lui faut aussi l'économiser pour pouvoir survivre aux prochaines épreuves. Il s'agit donc d'une mise en garde des prochains changements qui pourraient survenir.

Ces changements de cycles sont dus à une action passée qui a porté ses fruits, en bien ou mal. Comme Ger est la rune de la moisson et de la justice, elle explique que le consultant va récolter ce qu'il a semé, selon la maxime *« qui sème du bon grain, recueille du bon pain et qui sème le vent récolte la tempête »*. Autrement dit, si le consultant a bien travaillé, il a toutes les chances de recevoir une promotion, mais s'il a mal agi, il risque de recevoir une punition.

Au niveau des affaires, Ger indique que c'est le moment d'investir ou de s'allier à d'autres professionnels, de procéder à une fusion d'entreprises, de lancer de nouveaux projets afin d'augmenter ses revenus. Elle indique que les revenus du consultant seront encore accrus s'il a la patience de laisser mûrir ses projets. Il est possible aussi qu'il soit muté ou qu'il décide de se trouver un autre travail.

Au niveau sentimental, elle indique un contrat et donc vraisemblablement un mariage (ou pacs), quelque chose d'officiel. Si le consultant vient de rencontrer quelqu'un, Ger lui annonce que cette relation a toutes les chances d'être sérieuse et d'aboutir rapidement à une vie commune voire à un mariage.

Ger est la rune des saisons, des cycles naturels, donc, si la question porte sur le temps que mettra un événement à se réaliser, il s'agit vraisemblablement d'une attente d'environ 3 mois.

Sens à l'envers :

En divination, Ger ne peut être à l'envers, mais si elle est marquée et qu'elle est l'envers, il peut s'agir aussi d'un divorce ou de la nécessité d'avancer dans sa relation avec prudence que la méfiance soit justifiée ou bien qu'il s'agisse de ne pas blesser son partenaire involontairement par des propos maladroits.

Si le consultant souffre de problèmes de santé chroniques, l'attentisme ne le guérira pas. Il lui faut aller voir un médecin et se faire soigner.

Ger peut également indiquer des affaires juridiques, des problèmes de papier, des problèmes avec l'administration ou encore des problèmes avec le fisc. Si c'est le cas, elle conseille de faire appel à un spécialiste, le résultat sera plus sûr car la chance semble avoir tourné en défaveur du consultant.

Utilité en magie :

Ger est utilisée en magie pour initier un changement positif dans une situation, pour réaliser des tâches difficiles, accélérer un processus trop lent, ou obtenir des résultats sur le long terme. Ger ne doit pas être utilisée pour obtenir des résultats rapides mais uniquement pour récolter le fruit de ses efforts (efforts en temps, en argent, en travail). Elle donne aussi la force et la patience de matérialiser ses idées, ses rêves, tout ce qu'on peut avoir en tête quel que soit le domaine.

Ger peut être utilisée pour obtenir justice ou réparation, pour gagner un procès, pour régler toutes sortes d'affaires juridiques, mais toujours selon la maxime *« qui sème du bon grain, recueille du bon pain et qui sème le vent récolte la tempête »*. Utilisée avec Tyr, elle permet d'obtenir une décision favorable de la justice tant que la personne visée par ces deux runes est dans son bon droit.

Elle permet également de fertiliser les plantes et la terre, d'avoir des récoltes abondantes, d'accroitre la fécondité des êtres vivants (animaux et humains) et de développer sa créativité.

Ger est supposée apaiser et apporter l'harmonie (entre les hommes ou dans un couple). Utilisée avec la Cornaline, elle est supposée apporter son aide dans les moments difficiles.

En mettant plusieurs Ger d'une certaine façon, on peut même obtenir un svastika, symbole de vie ou de mort selon qui l'utilise et selon le sens dans lequel il est tourné.

A l'endroit, on dirait qu'elle s'apprête à tourner dans le sens des aiguilles d'une montre, elle est utilisée pour accélérer les choses. Lorsqu'elle est dessinée inversée (ci-contre), elle semble tourner dans le sens inverse des aiguilles d'une montre, elle est alors utilisée pour ralentir le cours des choses. Elle peut donc faire en sorte que quelque chose arrive vite, comme une rencontre ou un gain aux jeux, ou au contraire ralentir des événements qui arrivent trop rapidement.

En magie, on peut aussi décaler les deux pans de cette rune pour les mettre l'un en face de l'autre afin d'arrêter le mouvement (ci-contre). Ainsi, la rune ressemble à s'y méprendre à Ing, la rune de l'achèvement, d'où une certaine inutilité. Si Is y est ajoutée (ci-dessous), la rune liée créée permettra de stabiliser une situation, une relation ou de graver dans le marbre ce qui a été acquis. L'ennui avec cette rune liée, c'est qu'elle ressemble à une rune liée représentant Thorn et Thorn inversée, si ce n'est que la barre d'Is est plus fine que deux barres de Thorn côte à côte, ce qui montre l'importance de respecter les proportions des runes dans tout ouvrage.

Ger permet la consolidation des runes utilisées avec elle. Si Ger est utilisée avec Geofu dans une rune liée (ci-contre), elle permet d'annuler les effets négatifs des runes.

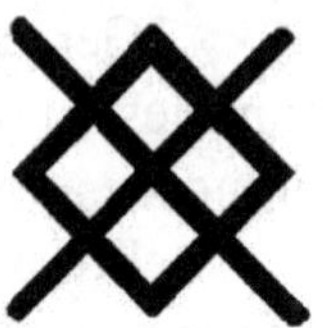

Avec Peorth, elle accroit les chances de gagner de l'argent sans se fatiguer, notamment par une part plus importante lors d'un héritage.

Avec Ur et Sigel, elle permet de retrouver des forces après une grave maladie.

Avec Lagu, elle permet de réussir ses études et de décrocher son diplôme à condition d'avoir travaillé en amont pour réussir ses études.

I 25) Eoh

Autre nom : Eiwhaz, Ihwar
Significations : Bois d'if, arc
Lettre latine représentée : E
Divinités tutélaires : Ull, Skadi, Odin
Animal totem : Serpent
Arbres : If, peuplier, voire Yggdrasill
Plantes : Mandragore, lilas, bryone
Pierres : Topaze, cristal de roche
Eléments : Tous
Couleurs : Vert, rouge, noir, bleu foncé
Polarité : Mâle

Sens Divinatoire :

Sens Droit :

Eoh est la rune de la mort et de la résurrection qui marquent sans cesse tous les cycles de tous les domaines. Il peut s'agir de mettre un terme à des croyances désuètes qui empêchent d'avancer pour les remplacer par quelque chose de nouveau, de plus juste, de vrai. Il peut s'agir également de mettre un terme à une situation qui ne convient plus au consultant et de prendre un nouveau départ. En somme, il s'agit d'opérer un sacrifice pour progresser (sacrifice du confort d'une paye pour se mettre à son compte, sacrifice d'une relation pour pouvoir vivre dans un endroit plus convenable…). La rune apporte la force de se redresser, de surmonter les obstacles, les échecs et de retourner la situation en sa faveur. Il faut être réaliste et ne pas perdre de vue ses objectifs.

Au niveau travail, Eoh conseille d'accepter de changer de poste ou d'entreprise, voire même de provoquer ce changement nécessaire à toute évolution.

Au niveau sentimental, Eoh conseille au consultant de mettre les choses au clair avec son partenaire en se rappelant que leur relation peut triompher des obstacles et même repartir sur des bases encore meilleures que celles sur lesquelles elle était bâtie précédemment. Il s'agit d'un moment clé dans sa relation mais il n'est pas nécessaire d'en faire trop pour triompher, il faut rester soi-même. Elle peut aussi signifier la fin d'une relation qui s'achève de façon brutale mais qui laissera rapidement place à une nouvelle histoire qui permettra d'évoluer.

Eoh détient les connaissances d'Yggdrasill et à ce titre, permet d'accéder à ses connaissances, de connaître les secrets de la vie et de la mort. Cependant, ces connaissances doivent être utilisées à bon escient si le consultant ne veut pas régresser dans son évolution. Elles permettent entre autre de comprendre le pourquoi de la nécessité de ces changements.

Si le consultant s'interroge sur la santé d'un proche, le présage n'est pas bon. L'if d'Eoh représente la mort, tant par sa présence près des cimetières que par la toxicité de ses fruits. Cependant, il est aussi associé à la renaissance, donc, un miracle pourrait toutefois survenir, il ne faut pas perdre espoir.

Sens à l'envers :

Eoh ne peut être inversée en divination et donne un sens positif aux runes tirées avec elle. Cependant, si son orientation est marquée, elle indique que la roue tourne dans le mauvais sens et annonce des difficultés amoureuses, des problèmes de santé, des ennuis au travail…

Utilité en magie :

Comme Eoh aide à comprendre les secrets de la vie et de la mort, elle peut aider le consultant à dépasser sa peur de la mort.

Elle aide également à développer une force mentale à toute épreuve. Elle permet d'éliminer les obstacles qui se dressent sur sa route ou de retourner une situation à son avantage. Elle évite surtout de prendre de mauvaises décisions pour son avenir. Associée à l'if, Eoh peut servir à la protection contre les influences néfastes ou contre le mauvais sort mais aussi contre les possessions. Avec Eolh, Thorn ou Sigel, elle protège efficacement contre tous les maux, que ce soit des attaques magiques ou physiques et repousse toute négativité.

Elle accroit les pouvoirs spirituels permettant d'aider à communiquer avec d'autres réalités (au-delà, monde alternatif...). L'if produit naturellement une toxine alcaloïde qui attaque le système nerveux central et qui, lorsqu'il fait très chaud, peut provoquer des hallucinations à celui qui s'abriterait à l'ombre de ses branches (je déconseille fortement à quiconque de faire le test). Elle peut être utilisée lors de voyages chamaniques notamment pour visiter les autres mondes, surtout si elle est combinée avec Ehwaz. Eoh peut être utilisée pour des actions à l'extérieur comme la chasse (le bois d'if était utilisé pour la fabrication d'arcs) ou bien la recherche d'une personne, notamment des personnes perdues (amour, amitié, égarées dans des bois...), des animaux égarés, d'un emploi, d'un appartement, d'un cadeau.

Eoh aide aussi à voir son passé, ou celui des autres, que ce soit son enfance, ses vies passées, ou simplement un passé récent. Eoh guide alors les sens du consultant dans cette direction en développant ses pouvoirs de psychométrie ou d'hypnose régressive.

Eoh peut être utilisée pour interrompre un état, pour se libérer de son passé et amorcer un changement bénéfique, déterminé et radical, que ce soit au niveau du travail ou au niveau relationnel. Avec Wynn, elle permet de démarrer une nouvelle vie sous de bons auspices.

Elle peut accroitre sa créativité.

Utilisée avec Ken, Eoh aide à se remettre d'une maladie grave. Avec Sigel, elle redonne la force de vaincre tous les obstacles qui se présentent devant soi et apporte aussi la clarté mentale. Alliée à la topaze, Eoh apporte un sommeil apaisé.

Avec Beorc, elle favorise un mariage heureux.

I 26) Peorth

ᛈ

Autres noms : Pertho, Perthro, Pairthra
Significations : Gobelet à dés, destin
Lettre latine représentée : P
Divinités tutélaires : Les trois Nornes, Nerthus, Mimir, Frigg
Animal totem : Corneille
Arbres : Tremble, hêtre, bouleau
Plantes : Aconit, chrysanthème
Pierre : Aigue-marine
Elément : Eau
Couleurs : Argent, noir, bleu-nuit
Polarité : Mâle

Sens Divinatoire :

Sens Droit :

Peorth représente la chance dans tous les domaines : en affaires, au jeu, en amour… Elle indique que le consultant pourrait remporter des gains inespérés, notamment au jeu (sans pour autant se ruiner en misant des fortunes à la base), mais également en affaires où il n'est pas exclu de recevoir une prime imprévue.

Comme elle représente le jeu, elle représente aussi la joie, la fougue et l'ivresse des plaisirs sensuels et spirituels. Elle encourage à profiter du moment présent.

Peorth indique aussi que le temps est venu de se lancer dans une nouvelle entreprise, de lancer un nouveau projet et Peorth assure que de nouvelles opportunités permettront au consultant de réaliser ses projets très rapidement. Ses idées originales peuvent lui permettre d'obtenir une promotion ou de créer sa propre entreprise. S'il est en recherche d'emploi, elle indique qu'une belle opportunité qu'il ne faudra pas laisser passer va bientôt se présenter à lui.

Peorth révèle au consultant que son destin lui appartient mais qu'il faudra probablement prendre des risques pour le mettre en œuvre. Il vaut mieux prendre son destin en main plutôt que de se laisser guider par lui. Il faut faire ses propres choix plutôt que de laisser le destin décider à sa place. Le futur n'est pas écrit, c'est à chacun d'en faire ce qu'il veut vraiment.

Peorth indique au consultant que son ange gardien est présent et veille sur lui.

Peorth est également la rune de la divination et des secrets dévoilés. Le terme « secret » est à prendre au sens large : il peut être question de choses cachées ou perdues, de secrets notamment de secrets de famille, des amours cachés, de capacités insoupçonnées comme des dons de divination ou de guérison ou plus simplement des aptitudes cachées comme des talents pour le dessin, la mécanique… Ces « révélations » permettront de prendre des décisions importantes pour son avenir.

Rune du jeu et du secret, Peorth indique une potentielle liaison, ou du moins, une relation tenue secrète. Elle indique aussi une forte compatibilité sexuelle et invite à profiter de la vie sans trop se poser de questions. Elle peut aussi indiquer que des révélations sont sur le point d'être faites allant de la liaison à la naissance d'un enfant mais aussi que l'histoire d'amour que le consultant n'attendait plus est sur le point d'apparaître.

Sens à l'envers :

A l'envers, Peorth révèle que les nouvelles / secrets attendu(e)s peuvent s'avérer réellement déplaisant(e)s car il peut s'agir de trahisons, de déceptions, d'échecs… Il peut y avoir des rumeurs qui circulent sur le consultant et qui risquent de gâcher sa vie. Il se peut aussi que le consultant ne doit pas avoir connaissance de la réponse à la question afin de protéger son avenir … De mauvaises surprises sont à prévoir.

Peorth confirme le manque de chance en ce moment. Il vaudrait mieux retarder certaines décisions importantes le temps d'avoir un apport d'informations supplémentaires ou bien d'avoir à nouveau la faveur des dieux.

Elle encourage aussi à ne pas suivre les choix des autres, car ce qui est bon pour eux, ne l'est pas forcément pour le questionneur.

Utilité en magie :

Peorth, utilisée avec une aigue-marine, apporte le calme. Elle aide à améliorer la vue, à fortifier les yeux mais aussi lors des accouchements. Utilisée avec Sigel, elle apporte une grande vitalité, une énergie presque inépuisable.

Peorth révèle les mystères cachés, les talents cachés qu'elle met en valeur, permet de distinguer ce qui a de la valeur de ce qui n'en a pas, permet de retrouver ce que l'on a perdu : que ce soit un objet, son chemin (au sens propre ou figuré). Ainsi, elle est très utile en radiesthésie pour faciliter des recherches. Elle permet de transformer une idée ou une pensée en acte magique.

Rune de la mémoire et du souvenir, elle aide lors de travaux de régression, pour régler des problèmes psychologiques et lors de contacts avec les Nornes, ce qui est bien utile pour connaître à la fois le passé et l'avenir. Je conseillerais donc de mettre un symbole de Peorth quelque part sur la table de divination. Utilisée avec Lagu, elle facilitera la mémorisation de ce qui est important pour réussir ses études et développera l'imagination, la créativité et l'intuition. Toujours utilisée avec Lagu, elle permettra notamment d'obtenir le succès artistique.

Elle représente la puissance de son destin et aidera à l'affronter. Peorth permet de faire surgir des ressources ignorées en lien avec les runes qui suivent. Elle attire de nouvelles opportunités dans tous les domaines selon les runes tirées avec elle : avec Thorn, ce sera en affaires, avec Rad, ce sera des voyages rentabilisés… Avec Ing, elle permettra de réaliser un rêve alors qu'avec Daeg, elle permettra de changer de vie et d'avoir du succès.

Peorth apporte de l'argent sans se fatiguer, sans travailler, souvent de manière inattendue : avec Feoh, Hagall ou Eolh, ce sera plutôt un gain aux jeux (ne pas utiliser Hagall pour un joueur professionnel, cela lui nuirait) alors qu'avec Ger ou Othel, ce sera plutôt un héritage important qui arrivera.

Utilisée avec Ur, Ken, Geofu, Wynn, Beorc ou Lagu, elle permet de surprendre son partenaire au lit rétablissant ainsi l'harmonie sexuelle entre les deux partenaires.

I 27) Eolh

Autres noms : Algiz, Yr, Elhaz, Ihwar
Significations : Elan, bouclier
Lettres latines représentées : Z ou X
Divinités tutélaires : Walkyries, Heimdall, Freyja
Animal totem : Elan
Arbres : If, alisier
Plantes : Laîche, jonc, fougère, angélique
Pierre : Améthyste
Elément : Air
Couleurs : Arc-en-ciel, bleu ciel, argent, blanc, or
Polarités : Femelle sous sa forme droite, mâle si elle est inversée

Sens Divinatoire :

Sens Droit :

Eolh est la rune de la protection dans tous les domaines : le corps, l'esprit, l'amour, les affaires… C'est une armure, un bouclier, une lance (on l'appelle parfois la « lance d'Odin »). Elle repousse les énergies négatives qui pourraient affecter le consultant, détourne les coups, le protège des attaques et dirige son intuition dans la bonne direction pour lui permettre de contre attaquer et de se rendre compte des pièges qui lui sont tendus. Il faut l'écouter, elle sera de bon conseil.

Si Eolh protège, elle annonce un combat que le consultant va très probablement gagner car il a les bonnes armes en main. Cette rune indique aussi qu'il a beaucoup de force et de courage en lui. Le consultant ne doit pas reculer contre l'adversité, mais, comme le roseau, il doit savoir plier pour mieux résister provisoirement aux forces qui s'opposent à lui. La souplesse est parfois préférable à la force brute. Si le consultant doute de lui, il lui faut se ressaisir, l'erreur est humaine, la combativité aussi. Les obstacles qui se dressaient devant lui vont s'écarter pour une durée d'environ trois mois, ce qui lui apportera une certaine réussite.

Eolh rappelle également que des soutiens, amis, proches, guide, protègent le consultant ou ne vont pas tarder à arriver / revenir dans sa vie pour le protéger. Il se peut aussi qu'il n'ait besoin de l'aide de personne et qu'il trouve la force en lui-même, que son instinct le guide correctement. Il se peut également que le consultant n'ait pas besoin de protection mais que ce soit à lui de protéger l'un de ses proches, quelqu'un qui lui est cher ou au contraire, une personne qu'il vient de rencontrer qui pourrait avoir besoin de l'aide dont il bénéficie déjà.

Au niveau matériel, Eolh protège de la faillite et protège les finances mais n'implique pas d'évolution.

Au niveau sentimental, les relations sont protégées. Il semble que le consultant vive une très belle relation, stable, solide. Si ce n'est pas le cas, il est peu probable que sa relation évolue positivement, il est plus probable qu'il rencontrera bientôt quelqu'un qui correspondra mieux à ses attentes.

Sens à l'envers :

A l'envers, Eolh ressemble aux racines d'un arbre (potentiellement Yggdrasill) qui plongent dans la terre, voire jusqu'au royaume de la mort. Elle met en garde le consultant : il n'est pas ou plus protégé. Il est donc vulnérable aux attaques de ses ennemis, que ce soit des attaques physiques, des manigances au travail, des médisances… De même, des problèmes vont survenir dans le domaine qui l'inquiète.

Si le consultant doute d'un ami ou de sa moitié, il a probablement raison. Des disputes peuvent survenir au sein de sa famille qui s'avère être beaucoup trop possessive, trop présente dans sa vie et l'empêche de prendre sa vie en main. Il faut résister à la mauvaise influence de ses proches et ne pas se fier pas à leurs mauvais conseils, sa propre intuition est bien meilleure que l'avis de la majorité.

Au niveau matériel, elle peut signaler une faillite en vue. Cependant, suivant les runes qui l'entourent, sa signification peut être atténuée. Elle indique simplement qu'il n'y aura pas de progrès sans économie. Elle conseille d'épargner pour améliorer ses finances.

Enfin, elle met en garde contre les excès alimentaires qui nuisent à la santé de tout un chacun.

Utilité en magie :

Eolh est surtout utilisée pour protéger les êtres vivants (humains et animaux) et peut être utilisée pour recevoir la protection divine dans tous les domaines, en particulier en cas de crainte d'un choc en retour ou alors en cas de voyages astraux / chamaniques, notamment en portant la rune sur soi. Eolh permet de repousser tout le mal dirigé contre soi, que ce soit des attaques physiques ou psychiques, même la simple malchance, rien qu'en imaginant qu'elle entoure la personne à protéger. Elle a un fort pouvoir d'exorcisme également. Elle était gravée sur les lances pour accroitre les chances des propriétaires des lances de vaincre leurs ennemis mais aussi pour les protéger. Elle protège lors des changements de la vie, tel qu'un changement d'orientation professionnelle, ou lors de décisions à prendre, permettant ainsi de faire les bons choix. Si elle est inscrite à l'entrée d'un bâtiment, elle protège des curieux et des voleurs. Avec Sigel, Eolh protège des problèmes personnels pour que ces derniers ne prennent pas une place importante dans la vie. Avec Thorn, elle protège contre les nuisances. Avec Mann, Eolh protège des lenteurs et des erreurs administratives. Elle permet aussi de préserver et renforcer une amitié ou un amour.

Elle peut être utilisée pour guérir, pour se protéger des douleurs physiques, pour accroitre sa force vitale. Associée à Tyr, elle permet de renoncer à de mauvaises habitudes, elle est donc utile pour arrêter de boire ou fumer, en cas de procrastination chronique, ou bien pour transformer un point négatif en positif. Par exemple, quelqu'un qui serait opiniâtre pourrait transformer son entêtement aveugle en force de conviction, utile dans les secteurs de la vente. Utilisée avec une améthyste, Eolh apporte le calme alors qu'avec Nied, elle redonne courage.

Elle permet de s'éveiller au divin, de communiquer avec d'autres mondes (au-delà, multivers…) et d'autres entités vivantes (animaux, esprits de la nature…) et renforce sa magie. Elle permet d'accéder au subconscient mais aussi à la mémoire universelle.

Combinée à Feoh, elle permet de faciliter une nouvelle activité qu'elle permet de rentabiliser rapidement. Avec Ansur, elle permet de débuter une nouvelle étape dans sa vie professionnelle. Avec Ing, elle permet de changer d'orientation que ce soit dans sa vie professionnelle ou sa vie personnelle.

I 28) Sigel

ᛊ

Autres noms : Sowilo, Sigil, Sol, Saugil
Significations : Soleil, victoire
Lettre latine représentée : S
Divinités tutélaires : Balder, Sól, Thor
Animal totem : Aigle
Arbres : Genévrier, Laurier
Plantes : Gui, millepertuis
Pierre : Rubis
Elément : Air
Couleurs : Doré, blanc et argent
Polarité : Mâle

Sens Divinatoire :

Sens Droit :

Sigel est la rune du soleil, de son énergie et de sa lumière. Elle représente l'été. Elle est la source de vie de l'humanité et dispense ses vertus sur les êtres vivants. Elle permet notamment de résister aux énergies négatives auxquelles le consultant est confronté. Elle permet de rayonner dans tous les domaines de sa vie et annonce un dénouement heureux aux problèmes de toutes sortes. Elle peut annoncer la venue d'événements décisifs si elle est accompagnée de Nied, mais dans la mesure où elle accroit l'aspect positif des runes tirées avec elle, ces événements se termineront bien.

Sigel dissipe toutes les ténèbres que ce soit les doutes, les incertitudes, et apporte la vérité, dévoilant les secrets, mais aussi la connaissance et la compréhension des secrets de l'univers. Elle permet de faire sauter les blocages psychologiques et d'apaiser les angoisses.

Comme elle représente le soleil, Sigel apporte la victoire et le succès, notamment en affaires, et annonce que les souhaits du consultant sont sur le point de se réaliser. Il s'agit donc d'une période faste pendant laquelle elle permet de se réaliser. Sigel apporte l'énergie, la volonté, l'assurance, la foi en ses capacités, et les connaissances nécessaires à la réussite de ses projets et à la résolution de ses difficultés. Elle conseille de profiter de son influence pour commencer de nouvelles entreprises, pour suivre de nouvelles formations et de faire tout ce qu'il faut pour améliorer sa vie.

Au niveau sentimental, elle annonce une vie affective radieuse, une conquête. Pour l'améliorer davantage, elle conseille au consultant d'aller au-devant des autres, de laisser son cœur le guider et de prendre le temps d'être avec ceux qu'il aime. La joie, la bonne humeur et l'énergie sont communicatives.

Sens à l'envers :

Sigel ne peut être inversée, à moins d'avoir fait une marque pour s'assurer de son sens, mais elle a quand même des aspects négatifs. Tout d'abord, elle ressemble à un éclair, qui peut survenir lorsque le soleil a fini de briller.

Ensuite, même si elle indique que le consultant est plein d'énergie, elle peut signifier qu'il est surmené ou trop tendu et qu'il risque de céder. Elle conseille de faire attention à sa santé et de varier ses centres d'intérêt pour mieux se distraire.

Elle indique également que l'égocentrisme et le manque d'égard pour autrui peuvent nuire aux relations de toutes sortes.

Même si elle indique des problèmes ou des contretemps, ils ne seront que de courte durée.

Utilité en magie :

Comme sa forme ressemble à un éclair, elle peut être utilisée pour invoquer Thor. Elle apparaît cependant des fois sous la forme ci-contre.

Sigel est utilisée en magie de guérison pour augmenter la force des charmes, surtout utilisée avec Ur. Avec Geofu, Ing ou Daeg, Sigel restaure l'équilibre, notamment l'équilibre des énergies qui circulent dans le corps. Elles sont ainsi utilisées pour retrouver des forces, sortir de dépression… Avec Ur, Ger, ou Mann, elle permet une guérison rapide. Avec Feoh, elle emplit d'une telle énergie que son porteur peut travailler plus longtemps sans se fatiguer. Avec Ehwaz, elle favorise la fertilité.

D'une manière générale, l'énergie solaire qu'elle recèle renforce le pouvoir des runes avec lesquelles elle est utilisée, mais ce pouvoir est à manier avec précaution car à trop augmenter ou trop accélérer, les runes peuvent se révéler destructrices. Elle peut être utilisée comme talisman pour accroitre la volonté et attirer un succès éclatant dans tous les domaines si ce succès est mérité par son travail, sa combativité, son audace et sa volonté. Elle permet de briller en société, d'être le centre d'attention, d'éclipser un adversaire, d'avoir confiance en soi et avec Ansur, elle permet d'atteindre ses objectifs avec brio. Avec Thorn, elle apporte la protection de personnes influentes.

Avec Rad ou Lagu, elle accélère le cours des choses.

Sigel apporte le bonheur et permet d'éclaircir une situation, d'avoir les idées claires. Avec Tyr, Sigel stimule le pouvoir personnel et attire le succès physique.

Sigel donne l'énergie nécessaire pour effectuer de longues études qui permettront d'atteindre un certain niveau de connaissance. Elle aide aussi à atteindre l'illumination spirituelle. Elle encourage également à voyager pour découvrir de nouveaux cieux…

I 3) Le Huit de Tyr

Le troisième groupe de runes porte le nom du dieu de la guerre et de la justice, Tyr. Le Huit de Tyr représente l'accomplissement intellectuel et l'illumination spirituelle. Elle montre les dieux dans leur fonction de protecteur de l'homme mais aussi montre le divin qui dort au plus profond de chacun.

Tyr Beorc Ehwaz Mann Lagu Ing Daeg Othel

Selon les auteurs, les deux dernières runes de ce Huit, Daeg et Othel, sont inversées. Ce qui peut paraître bizarre dans la mesure où toutes les autres runes apparaissent toujours dans un ordre bien établi. Certains disent que Daeg doit être placée en dernière parce qu'elle représente le feu destructeur en opposition à Feoh (première rune du Futhark), feu régénérateur, et ainsi, elles perpétueraient un cycle de vie. Daeg représente à elle seule la fin d'un cycle et le début d'un nouveau, ce qui signifie qu'elle peut boucler le futhark et renvoyer au début. Othel signifie l'héritage, la fin de quelque chose et ce qui est laissé aux générations futures. Pour moi, il est préférable de mettre Othel en dernier pour signifier que c'est la fin, un peu comme un point final qui viendrait ponctuer cet alphabet, ou plutôt comme une virgule qui permettrait aux générations futures d'écrire à leur tour la suite de ce futhark (suite qui existe déjà si on prend en compte Wyrd ou les futharks plus récents qui ont des runes supplémentaires).

I 31) Tyr

Autres noms : Teiwaz, Tiwaz
Significations : Dieu Tyr, flèche
Lettre latine représentée : T
Divinité tutélaire : Tyr
Animal totem : Loup
Arbre : Chêne
Plantes : Sauge, aconit, tritoma
Pierres : Rubis, silex, corail
Elément : Air
Couleurs : Rouge vif, bleu roi
Polarité : Mâle

Sens Divinatoire :

Sens Droit :

Tyr indique une période faste apportant une victoire, une conquête, la réalisation des ambitions à condition de faire preuve de ténacité, de maitrise de soi et d'esprit de sacrifice dans toutes les situations. Elle permet d'évoluer dans le bon sens si l'on fait preuve de sacrifice de soi au moment adéquat. Tyr demande de faire un bon usage de ses capacités. Si ce n'était pas le cas, le contrevenant pourrait être blessé à son tour comme Tyr le fut au bras…

Tyr représente également l'honneur, le courage, la hardiesse et l'intégrité dont font preuve les guerriers tout comme elle représente le pouvoir et les responsabilités des chefs. Elle encourage donc à exercer le pouvoir avec droiture, intégrité et bienveillance.

Tyr représente une forte volonté, un moral d'acier, une personnalité compétitive ainsi qu'un tonus impressionnant qui permettent de réaliser ses ambitions quelles que soient les difficultés qui se dressent devant soi.

Tyr est souvent liée aux conflits légaux, aux actions en justice. Elle est garante des serments, de la parole donnée et des lois et indique que le consultant est dans son bon droit et apte à gérer un conflit. Elle indique aussi que les gens l'écoutent, qu'ils ont confiance en son jugement. Il ne doit pas s'enorgueillir pour autant car s'il incarne la stabilité, la sécurité et la sagesse pour certains, son orgueil pourrait le faire tomber de son piédestal.

Au niveau sentimental, Tyr garantit la stabilité, l'intensité et la sincérité de ses liens. Elle garantit notamment que les serments prononcés lors d'un mariage perdurent encore et toujours et sont aussi vivaces qu'au premier jour. Si un couple traverse des perturbations, Tyr rappelle que la passion est toujours là et qu'elle peut se raviver rapidement avec un minimum d'efforts. Elle représente parfois la fécondité et la croissance, qu'il s'agisse d'enfants ou d'idées.

Il se peut que le consultant rencontre bientôt un homme qui tiendra une place importante dans sa vie privée ou professionnelle. Si la question porte sur le sexe futur d'un bébé, il est fort probable que ce soit un garçon.

Elle apporte une grande énergie qui peut être utilisée pour se régénérer et pour contrer les forces du mal !

Sens à l'envers :

A l'envers, Tyr entraine une certaine impatience, un manque de persévérance qui nuira aux affaires. Il faut retrouver la ténacité et la volonté d'agir.

Tyr peut représenter également une grossesse difficile ou une fausse-couche.

Elle indique un manque d'énergie flagrant et durable, une propension aux accidents, voire des risques de mort surtout si la personne visée par la prédiction est un combattant (militaire mais aussi policier, gendarmes, agent de sécurité…) ou du genre à se battre pour un oui ou pour un non, ou encore si elle a affaire à quelqu'un de peu recommandable lors d'une sortie.

Les conflits auxquels le consultant est lié vont très probablement se retourner contre lui. Ainsi, s'il attaque quelqu'un en justice, il doit s'assurer d'avoir toutes les cartes en main, sans quoi, il risque de gros ennuis. Dans certains cas, sa réussite passée a entrainé une certaine jalousie qui peut conduire à de la trahison. Pour continuer à réussir, il faut que ses contrats, son travail, ses actions soient vraiment impeccables s'il ne veut pas qu'on trouve la petite bête.

Si le consultant est en plein divorce, il lui sera défavorable et parsemé d'embûches. Tyr peut indiquer une rupture prochaine, une infidélité, de la frustration ou des disputes au niveau familial ou amical.

Utilité en magie :

Tyr est utilisée pour obtenir justice au sens large si la personne est dans son bon droit mais elle ne peut être utilisée pour détourner la justice à son profit. Elle aide à obtenir justice sur des affaires judiciaires en cours, mais aussi au cours d'une audience, d'un conflit. Elle permet de défendre une position juste lors de débat ou de prise à partie, de tout type de discorde, mais aussi de protéger ses intérêts face à un adversaire. Il s'agit d'obtenir un jugement juste quelle que soit l'affaire. Avec Lagu, elle permet en particulier aux femmes de faire valoir leurs droits. Avec Feoh, Tyr apporte des gains suite à une décision de justice mais aussi la réussite financière. Avec Othel, Tyr permet de remporter un procès concernant l'accroissement de son patrimoine ou d'accroitre son patrimoine par un héritage.

Avec Mann, Tyr permet d'obtenir l'aide d'un collègue, voire d'un supérieur, pour effectuer travail ou obtenir une promotion.

Elle peut être utilisée pour communiquer avec les morts d'après le chant du Hávamál.

Tyr était souvent gravée sur les armes pour les rendre plus efficaces sur les champs de bataille. La rune devait être inscrite sur le manche, sur l'envers de la lame et deux fois sur l'endroit de la lame puis l'arme devait être consacrée au dieu. Avec Mann inversée, Tyr permet de triompher de son adversaire dans un combat ou une guerre. Seule, elle permet aussi d'aider lors de compétitions sportives en développant notamment la volonté, le courage, l'audace et le dynamisme.

Suivant les runes utilisées avec elle, Tyr permet de voir son futur sous un nouveau jour à condition de se débarrasser de son passé. D'une manière générale, elle renforce les côtés positifs et la force des autres runes.

Tyr permet d'attirer une relation sérieuse basée sur la confiance et la fidélité. Avec Peorth, Tyr suscite le désir sexuel pour la personne qui les porte sur elle. Elles permettent d'attirer l'amant qu'on désire mais elles ne permettent pas d'attirer son amour. Avec Wynn, elle conduit à une joie durable, au bonheur.

Avec Eoh, elle peut canaliser sa force magique personnelle.

Associée à Eolh, elle permet de renoncer à de mauvaises habitudes (alcool, cigarette, fainéantise…).

Dans les inscriptions runiques, elle peut représenter l'homme (et non la femme qui elle sera désignée par Lagu) visé par l'inscription, notamment dans les inscriptions d'amour mais pas uniquement.

I 32) Beorc

Autres noms : Berkano, Bjarkan, Bar
Significations : Bouleau, régénération
Lettre latine représentée : B
Divinités tutélaires : Berchta, Nerthus
Animal totem : Sanglier
Arbre : Bouleau
Plantes : Alchémille, fleur de lune (symbole de naissance et de renouveau)
Pierre : Pierre de lune
Elément : Terre
Couleur : Vert foncé
Polarité : Femelle

Sens Divinatoire :

Sens Droit :

Beorc est la rune du renouveau, de la renaissance et de la fertilité, elle annonce des événements heureux dans de nombreux domaines de la vie. Cette rune annonce ainsi une évolution positive de sa vie, encourageant le questionneur à savoir tirer profit des événements extérieurs pour améliorer sa vie (une reconversion dans un secteur qui embauche par exemple…) et permettant de murir par la même occasion. Elle permet de passer d'un état passif à un état actif, et ne cesse de faire évoluer les êtres animés et non animés afin d'attirer l'abondance et la prospérité à ceux qui le méritent.

Elle encourage à se remettre de ses échecs passés mais aussi à affronter la tête haute les nouveaux défis de sa vie. Il est temps d'agir, de se lancer dans de nouveaux projets, d'en ressortir des anciens et de les mettre en œuvre car un nouveau cycle commence, un cycle favorisant l'épanouissement personnel et annonçant une issue heureuse aux projets professionnels si le consultant a su faire preuve de persévérance et de maitrise de soi. Les résultats viendront avec le temps. Il aura des débouchés inattendus et ses placements seront rentables.

Beorc annonce aussi une période de créativité, que ce soit des créations artistiques, artisanales ou simplement de nouveaux projets professionnels. Dans tous les cas, il faut faire preuve de nouveauté, savoir innover. Il ne faut pas rester enfermé dans ses habitudes. Il faut bouger et chercher de nouvelles idées.

Beorc indique également que le consultant est dans une période de forte vitalité et que c'est quelqu'un de tendre et doux.

Beorc annonce aussi la venue d'une femme dans sa vie, pas nécessairement une épouse ou une amante, il peut s'agir d'une amie ou d'une parente, ou alors un homme sensible lié à l'art et à la création.

Au niveau sentimental, Beorc représente l'amour et la fertilité et donc la maternité. Il peut s'agir d'une grossesse très prochaine qui survient au bon moment dans la vie ou d'une grossesse qui arrive très bientôt à terme. Il y a de fortes probabilités que le bébé soit une fille. Beorc représente aussi la mère nourricière, que ce soit la femme allaitante ou bien la mère au foyer qui s'occupe de ses enfants.

Si le consultant est célibataire, elle indique qu'une relation naissante va très probablement aboutir à une union durable, voire un mariage, basée sur la confiance et l'amour.

Si le consultant est déjà en couple, il risque la rupture mais ce n'est pas obligatoire. Il peut s'agir simplement d'un renouveau, d'une renaissance des sentiments mutuels, d'un renforcement de ses amours. Il ne tient qu'au consultant de conserver l'amour de la personne aimée.

Le boulot étant associé à la mort et à la renaissance, Beorc peut annoncer le décès d'un proche ou un miracle qui le fera se rétablir rapidement.

Sens à l'envers :

A l'envers, Beorc conseille de demander l'avis de professionnels pour résoudre les problèmes qui surgissent dans sa vie car il y a peu de chance de parvenir à les résoudre tout seul.

Les problèmes qui surviennent sont essentiellement d'ordre familial, notamment des problèmes avec des enfants, ou de santé, notamment s'il s'agit d'une femme qui désire un enfant (problème de stérilité ou de fausse couche), ou bien si cela concerne la santé d'un proche qui peut être très malade voire mourant.

La routine peut aussi nuire à son couple ou un sentiment de solitude particulièrement intense ainsi que le fait de n'avoir envie de rien pourrait apparaitre.

Les investissements entrainent des risques de faillite, il vaut mieux arrêter tout tant que c'est encore possible.

Prendre soin de soi et de son apparence surtout est indispensable pour que ses ennemis ne puissent en profiter pour nuire à sa réputation professionnelle. Le défaitisme n'arrangerait rien.

Utilité en magie :

Beorc permet de soulager les douleurs typiquement féminines, comme des règles douloureuses, les douleurs pendant la grossesse ou l'enfantement, ou encore les douleurs dues à des seins lourds (pendant l'allaitement).

Combinée à Ur, Beorc permet de favoriser une grossesse. Avec Hagall, elle favorise la fécondité et la fertilité des êtres humains, des animaux et des végétaux. Avec Daeg, elle favorise une naissance.

Liée à la maternité et aux femmes en général, elle permet de protéger les enfants si elle est portée en amulette. Il est possible d'accroitre son pouvoir en inscrivant d'un côté de l'amulette trois runes Beorc et de l'autre, le prénom de la personne à protéger.

Elle permet d'assurer l'harmonie sexuelle dans un couple. Combinée à Feoh, elle permet de faire un mariage qui rendra riche les deux parties. Utilisée avec une pierre de lune, elle permet d'encourager les relations qu'elles soient amicales, amoureuses ou professionnelles. Utilisée avec Is, elle permet de stopper une relation gênante.

Beorc est aussi liée à la régénération de la nature et à la croissance des végétaux. Utilisée avec Daeg, elle permet de provoquer l'expansion de la nature. Elle peut être très utile dans une serre ou un potager. Elle est également liée à la magie des éléments.

Elle est aussi utilisée pour accroitre sa créativité.

Beorc est également liée aux connections chamaniques et aux contacts avec les êtres divins. Elle était notamment utilisée avec l'amanite tue-mouche pour entrer en contact avec les esprits (je vous déconseille d'essayer, le champignon est hallucinogène et dangereux). Elle apporte une vision « magique » qui permet de comprendre les mystères de la vie.

Beorc peut aider à dépasser un passé qui poursuit le porteur de cette rune, vie antérieure compris.

Beorc augmente les vibrations positives des runes utilisées avec elle.

I 33) Ehwaz

ᛖ

Autres noms : Eoh, Eh, Aihws, Ior
Significations : Cheval, changements
Lettres latines représentées : F ou E
Divinités tutélaires : Frey, Freyja
Animal totem : Cheval
Arbres : Frêne, chêne
Plantes : Jacobée à fleurs jaunes, forsythia
Pierres : Cristal de roche, spath d'Islande, malachite
Elément : Terre
Couleurs : Vert, jaune, blanc
Polarités : Mâle et femelle

Sens Divinatoire :

Sens Droit :

Ehwaz est la rune des mouvements maitrisés, des changements, des voyages dont la nature est indiquée par les runes avoisinantes.

Elle implique de contrôler son véhicule (qui remplace de nos jours le cheval et la charrette) quel qu'il soit pour que le voyage s'effectue en toute sécurité. Elle rappelle donc qu'il ne faut pas utiliser de substance illicite ou d'alcool avant de conduire. Elle peut également représenter des voyages effectués dans le monde spirituel.

Comme à l'origine, le véhicule était presque forcément un cheval, Ehwaz représente aussi le lien de confiance qu'il y a entre un animal et son humain.

Comme Ehwaz est une rune du mouvement perpétuel, elle représente aussi la vie, par opposition à tout ce qui ne bouge pas, tout ce qui n'a pas un minimum d'énergie pour bouger. Elle annonce donc une période chargée en action, en mouvement. Elle peut aussi bien conseiller de quitter le confort de son canapé pour se mettre au sport que de changer d'emploi.

Il faut apprendre à se dominer, à dominer ses sentiments, à faire preuve de sang froid mais également à se ménager pour éviter une perte de contrôle. Il faut faire preuve d'adaptabilité face aux changements qui surviennent dans sa vie. Les incertitudes ne dureront pas, la confiance en soi reviendra rapidement. Elle indique aussi que le consultant est sur la bonne voie pour réussir, qu'il n'est pas aussi égaré qu'il pense l'être.

Ehwaz indique l'union d'individus pour une coopération au travail, la création d'une équipe ou d'un groupe de travail. Il faudra faire preuve d'adaptabilité, de sociabilité, de dynamisme, de loyauté pour parvenir à une entente utile. Les efforts communs permettront d'affronter ensemble les aléas de la vie et d'effectuer des changements parfois radicaux dans la vie afin d'évoluer positivement. Elle indique ainsi des rapports basés sur la confiance et l'amitié.

En cas de problèmes financiers, le consultant ne doit pas hésiter à faire appel à des proches et ne doit pas leur cacher ses problèmes car ils sont dignes de confiance (encore faut-il bien les choisir !). Ceux qui l'aiment lui apporteront un soutien, une aide non négligeable, un conseil judicieux ou parfois leur générosité lui permettra de faire face. Mais cette aide ne pourra venir que s'ils ont confiance en lui et qu'il a eu un parcours fiable. Le consultant ne devra pas oublier que cette aide qu'ils lui apportent pourrait bien être à « renvoyer ». Il faudra probablement qu'il aide à son tour quelqu'un de son entourage dans le besoin. L'entraide et la solidarité sont la base de relations stables et enrichissantes. La roue peut tourner en sa faveur grâce à ses proches.

Au niveau sentimental, Ehwaz peut indiquer une union entre deux individus dont la relation est basée sur la confiance, la fidélité à sa parole et l'harmonie. Il s'agit d'une relation particulièrement épanouissante dans laquelle chacun respecte ses engagements et mérite la confiance de l'autre.

Si une relation est houleuse, il faut se demander lequel des deux ne respecte pas sa parole ou ses engagements, lequel des deux ne mérite pas la confiance de l'autre. C'est peut-être dû au fait de se trouver entre deux relations, la prochaine relation sera sûrement particulièrement épanouissante à condition d'accepter l'aide nécessaire pour effectuer la transformation indispensable à cet épanouissement.

Sens à l'envers :

A l'envers, contrairement à la plupart des autres runes, ses significations ne sont pas forcément contraires mais elles sont influencées par les runes qui sortent avec elle : avec des runes positives, Ehwaz restera positive, avec des runes négatives, Ehwaz sera négative.

Elle indique aussi le besoin de créer de nouveaux liens amicaux ou professionnels afin d'obtenir les connaissances qui manquent pour atteindre ses buts.

Elle peut dire aussi de réfréner ses ardeurs pour éviter un emballement trop rapide. Quelle que soit la situation, il faut se dominer et avoir confiance en soi.

Au niveau sentimental, Ehwaz indique qu'une ancienne relation pourrait ressurgir et faire douter de sa relation actuelle. Il faut laisser le passé au passé, il n'apportera plus rien de bon.

Utilité en magie :

Ehwaz représente un véhicule au sens propre mais il s'agit aussi de son corps astral qui peut être manipulé et utilisé lors de travaux de magie noire pour attaquer quelqu'un ou dans un travail de magie blanche pour guérir une personne. Elle permet de protéger une personne durant tout type de déplacements (trajets quotidiens, vacances, voyages astraux…). Avec Eoh, elle facilite le passage d'un monde à un autre.

Elle permet aussi de faire accélérer toutes sortes d'événements (la venue de personne, la vitesse d'une personne lors d'une course, finir un exercice plus rapidement…). Elle permet d'amorcer le mouvement, de donner l'élan aux actions et aide pendant les changements, comme les déménagements, les mutations... Inversée et utilisée avec Ur, elle suscite un revirement de situation, un changement de plans, un événement inattendu.

Elle aide à faire avancer les projets de deux personnes qui s'entendent bien, qui sont sur la même longueur d'ondes, dont les forces sont en harmonie. En amulette, elle permet d'invoquer la chance dans des entreprises communes. Avec Ansur, la communication qu'elle développe favorise le projet.

A l'endroit et utilisée avec le spath d'Islande, elle permet d'obtenir un conseil judicieux. A l'envers et utilisée avec une malachite, elle apporte de nouvelles connaissances.

Ehwaz permet de s'attirer la confiance et la loyauté de ses patrons, de ses collègues mais aussi de ses subordonnés, de toute personne en qui on peut avoir confiance. Elle est utilisée pour créer des liens entre les individus permettant ainsi d'attirer à soi des personnes qui aideront dans divers projets. Elle permet aussi de défaire des liens, pas forcément d'ailleurs dans un but « négatif » dans le sens où il peut s'agir de détruire un groupement de personnes qui nuisent à quelqu'un. On peut utiliser par exemple Thorn inversé, Ehwaz et Thorn, les personnes visées se disputeront et ne pourront plus joindre leurs efforts pour nuire à qui que ce soit. Il ne s'agit pas là de séparer un couple qui s'aime, mais juste de mettre des bâtons dans les roues de personnes qui nuisent à d'autres. Avec Lagu, Ehwaz apporte la confusion et la rupture.

Avec Ing, Ehwaz accroit la longévité si elle est portée sur soi en permanence.

Combinée à Feoh, elle permet de tirer profit d'un événement.

Comme elle aide à apporter des réponses pendant un tirage de runes et qu'elle développe les dons de prophétie, il est conseillé de placer une rune Ehwaz sur la table de consultation.

I 34) Mann

ᛗ

Autres noms : Mannaz, Man, Madhr
Signification : Genre humain
Lettre latine représentée : M
Divinités tutélaires : Heimdall, Odin, Frigg
Animal totem : Renard
Arbres : Houx, frêne, érable champêtre, aulne glutineux
Plantes : Garance (son pigment, l'alizarine, est souvent utilisé pour remplacer le sang et écrire les runes), digitale
Pierre : Grenat
Elément : Air
Couleurs : Bleu, rouge
Polarités : Mâle et femelle

Sens Divinatoire :

Sens Droit :

Mann est la rune du lien social et de l'interdépendance. Si le consultant est un solitaire, il est temps de rompre avec sa solitude, de se rapprocher de sa famille ou de ses amis recréant ainsi autour de lui un environnement solidaire et fraternel, idéal pour s'épanouir lui et ses proches.

L'entourage du consultant l'aidera en cas de difficultés. Cette aide peut être financière, un conseil ou bien, l'entourage l'aiguillera vers des professionnels compétents tels que des médecins ou des avocats. Cette aide lui permettra d'atteindre son accomplissement personnel et de s'affirmer.

Il peut aussi s'agir d'un jeune qui quitte son foyer pour en fonder un autre. Ainsi, elle représente aussi l'indépendance voire une rupture totale avec son passé dans certains cas (des parents qui mettent leurs enfants à la porte sans vouloir les aider à s'installer par exemple). Un changement intérieur profond pourrait alors s'effectuer, apportant plus de liberté de choix et d'actions dans la vie que le consultant n'en avait jusqu'à présent.

Cette certaine indépendance pourrait amener à vouloir s'affirmer dans tous les domaines de la vie mais un patron n'entendrait pas forcément accorder plus de liberté à son employé pour le moment. Il est conseillé d'attendre un moment plus propice d'autant que l'abondance matérielle n'est que provisoire.

Mann indique une coopération entre personnes proches pour le bénéfice du groupe ou d'une bonne cause, dans laquelle le partage permet un enrichissement spirituel mutuel. Elle conseille de réfléchir à sa place dans ce groupe ou dans tout autre groupe auquel le consultant appartient. Si le consultant est vraiment seul, elle lui conseille de s'insérer dans un groupe pour cesser ce repli sur lui qui ne l'aide pas à progresser dans la vie.

D'un point de vue santé, même si la maladie épargne le consultant pour le moment, elle peut s'en prendre à ses proches les rendant dépendant, provisoirement, de lui. Elle peut indiquer un état, un handicap (physique ou mental), une longue maladie, une blessure, une dépression… qui nécessite une entraide de la part du consultant pour soulager la personne atteinte et ses proches.

Au niveau sentimental, Mann explique que pour comprendre sa moitié, et les autres d'une manière générale, il faut déjà se comprendre soi-même, comprendre ce que l'on veut vraiment afin d'établir une bonne relation.

En cas de célibat, il est possible que des proches essaient de trouver un(e) partenaire au célibataire afin de lui permettre de s'épanouir. Comme il s'agit de lien social et d'interdépendance, on peut parler aussi de mariage, mais l'union légale est bien moins importante avec cette rune que le fait de trouver quelqu'un sur qui compter, qui comprenne et sorte de la solitude ce célibataire.

Sens à l'envers :

A l'envers, Mann désigne une personne seule : il peut s'agir de quelqu'un qui a peu ou pas d'ami, un célibataire ou un orphelin.

Mann met également face à sa solitude et conseille la prudence car parfois un ennemi peut se cacher pas loin. Elle peut aussi représenter des conflits avec l'autorité d'une personne ou avec les autorités.

Elle peut indiquer que le consultant n'a pas les moyens de son indépendance, de ses ambitions et qu'il lui faut attendre un moment plus propice s'il ne veut pas échouer lamentablement. Ce manque de possibilité d'indépendance entraine chez lui une certaine déprime dont il ne sortira que lorsqu'il aura trouvé les moyens de son indépendance. Il doit changer pour évoluer mais cela risque de lui coûter cher, il doit prendre ses précautions pour réussir son changement.

Utilité en magie :

Mann a une utilité en magie de guérison. Utilisée avec un grenat, elle est sensée repousser les épidémies. Utilisée correctement avec une digitale (plante dangereuse, réservée aux connaisseurs), elle accroit ses vertus médicinales.

Seule, elle permet de développer son charisme, ses aptitudes à la communication, de réussir des examens oraux, d'être meilleur que ses adversaires lors de débats, de conflits légaux, d'obtenir le soutien de ses supérieurs lors de disputes... Elle permet de renforcer sa mémoire et sa logique. Utilisée avec Ansur ou Lagu, ses pouvoirs s'en trouvent renforcés et elle permet de donner un avantage intellectuel dans un débat, de réussir un examen, car les trois améliorent l'intellect, Ansur apportant la sagesse et Lagu la force intellectuelle. Elle aide à ouvrir son troisième œil.

Elle aide à mener à terme des projets collectifs, que ce soit un projet au travail ou à but humanitaire. Avec Is, elle permet de bloquer totalement un problème administratif (une expulsion, l'envoi de courrier…) alors qu'avec Eoh, elle provoque juste des retards administratifs. Avec Eolh, elle permet au contraire de résoudre des problèmes administratifs.

En plus de se défendre, elle développe sa capacité à protéger d'autres personnes et à servir d'intermédiaire, d'arbitre dans un conflit.

Elle aide à prendre conscience de ses problèmes, de ses erreurs et de ses points faibles afin d'y remédier.

Utilisée à l'envers, elle contre ou annule les runes utilisées avec elle alors qu'à l'endroit, elle renforce le pouvoir terrestre de ces mêmes runes.

I 35) Lagu

ᛚ

Autres noms : Laguz, Laukaz, Lögr
Significations : L'eau, le flux des marées
Lettre latine représentée : L
Divinités tutélaires : Nerthus, Njörd
Animal totem : Saumon
Arbre : Saule des vanniers
Plantes : Poireau, Nénuphar
Pierre : Perle
Elément : Eau
Couleurs : Bleu mer, vert profond
Polarité : Femelle

Sens Divinatoire :

Sens Droit :

Lagu est liée à l'eau qui apporte la vie ou la détruit par des inondations ou des tempêtes. Elle encourage à purifier son corps et son esprit par son usage.

Elle indique une guérison, conseillant probablement de faire une cure thermale selon ses problèmes de santé ou peut-être simplement de vérifier l'eau consommée ou d'en prendre une plus adéquate, par exemple une eau contenant plus de magnésium en cas de problèmes de crampes ou une riche en silice pour lutter contre l'arthrose... Elle peut également indiquer le fait de ne pas boire assez d'eau ou au contraire, surtout si elle est inversée, d'en boire trop ou du moins que l'eau est de mauvaise qualité. Représentant pour certains la boisson des dieux qui apporte l'immortalité, elle peut aussi conseiller d'aller sur un site sacré réputé pour son eau miraculeuse (Lourdes, La Salette…).

Lagu est aussi liée à l'intuition et à l'instinct qu'elle conseille d'écouter davantage. Cette intuition stimulera la créativité naturelle et permettra d'acquérir ou de développer des talents jusque là ignorés. Elle indique notamment un don pour l'écriture, surtout la poésie, le dessin ou le théâtre. Elle indique également une agilité d'esprit, voire des pouvoirs psychiques tels que des dons de voyance très importants. Les rêves peuvent s'avérer prémonitoires, y prêter attention peut s'avérer essentiel.

Elle peut encourager à découvrir les secrets qui pourraient s'avérer d'une importance capitale. Elle encourage aussi à garder la foi, à avoir plus confiance en soi et en ses capacités.

Au niveau sentimental, Lagu annonce une relation profonde et durable qui aura souvent débuté par une passion sexuelle. Elle conseille aussi de se remettre en question et de comprendre ses sentiments afin de mieux faire la part des choses. Cependant, suivant l'âge et le stade d'évolution du consultant, il pourrait être plus tenté par des voyages, parfois en compagnie de sa moitié, plutôt que par une vie bien rangée, mais cela n'aura qu'un temps.

Rune de la fécondité, elle annonce la venue d'enfants.

Lagu annonce également de grands changements qui vont arriver en masse par vague successive, apportant l'énergie et le dynamisme nécessaires pour y faire face. Il ne faudra pas y résister, mais se laisser faire pour pouvoir faire face à ces changements positifs.

Lagu peut être utilisée pour savoir si son projet est viable, s'il a une chance de réussir. A l'endroit, des changements sont nécessaires mais ils permettront la réussite du projet alors qu'à l'envers, les changements peuvent tout faire rater.

Lagu avertit également des dangers qui peuvent survenir à tout moment et invite à la prudence et à la connaissance des lieux pour mieux appréhender ces dangers.

Lagu prévient que la fièvre acheteuse pourrait mettre à mal les finances. Il vaudrait mieux éviter les tentations pour ne pas descendre dans le rouge.

Sens à l'envers :

A l'envers, Lagu est particulièrement néfaste. Le consultant est débordé de toute part, il lui faut se reprendre rapidement et agir dans le bon sens s'il ne veut pas couler. Il a besoin de faire bouger les choses, d'effectuer des changements dans sa vie pour ne pas être submergé par l'eau ou embourbé par la vase. Il faut faire de ses rêves, la réalité et non d'un rêve, une simple envie qui pourrait conduire à rêver de plus en plus sans jamais agir et à s'isoler. La négligence et le manque pas de lucidité pourraient coûter cher.

Utilité en magie :

Lagu peut être utilisée pour attirer l'amour.

Elle permet de développer l'imagination et ses dons dans le domaine artistique et avec Ur ou Eoh, elle permettra de découvrir les facultés cachées. Avec Feoh, son art permettra de gagner beaucoup d'argent.

Combinée à Ansur, elle aide à réussir ses études et dans tous les métiers où la communication est essentielle. Avec Is, elle permet de stimuler la concentration. Avec Peorth, Eolh, Mann et Daeg, elle favorise les études.

Seule, Lagu est sensée provoquer des rêves prémonitoires et lucides. Elle développe l'intuition ainsi que les dons psychiques et médiumniques qui sont accrus si Lagu est combinée à Eoh, Ing ou Daeg. Elle permet aussi d'accroitre l'énergie vitale et son propre magnétisme. Utilisée correctement avec du nénuphar, elle permet de soigner, d'apaiser l'esprit, ou de favoriser encore plus l'inspiration, les rêves et de développer davantage les dons de voyance.

Elle permet de faire sauter les blocages et de rétablir un certain équilibre physique et mental. Lagu est utilisée pour accéder à l'inconscient d'un tiers, à travers ses rêves notamment, afin de l'influencer. Elle permet par exemple de demander une augmentation justifiée et de la recevoir. Comme Lagu accroit le côté sensible et intuitif des autres runes, utilisée avec Ehwaz et Daeg, Lagu apporte la confusion des esprits et l'éclatement de l'ordre établi.

Dans les inscriptions runiques, elle peut représenter la femme (et non l'homme qui lui sera désigné par Tyr) visée par l'inscription, notamment dans les inscriptions d'amour mais pas uniquement.

I 36) Ing

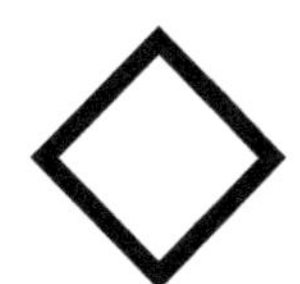

Autres noms : Inguz, Ingwar, Enguz
Signification : L'achèvement
Son représenté : Le son Ng
Divinités tutélaires : Frey, Freyja, Ing
Animal totem : Bouc
Arbre : Pommier
Plantes : Prunelle, gentiane
Pierre : Ambre
Eléments : Eau et terre
Couleurs : Vert, jaune
Polarités : Mâle et femelle

Sens Divinatoire :

Sens Droit :

Ing est la rune de l'arrêt total, l'arrêt du temps, l'arrêt du mouvement avant le renouveau, le retour de l'action. C'est une période de repli sur soi et de pause qui permet de reprendre ou d'emmagasiner des forces avant de faire émerger toutes les capacités restées longtemps cachées. Ainsi, Ing peut indiquer le soulagement, le bien-être dû à l'accomplissement de son projet et l'attente qui suit avant un nouveau projet.

Ing exprime la fin d'une situation et la progression vers un nouveau cycle, ce qui fait d'elle la rune des mutations, des métamorphoses, des périodes de transition. Si des projets sont en attente, ils vont bientôt pouvoir voir le jour, il faut juste faire preuve encore d'un peu de patience et de ténacité. Cette attente doit être mise à profit pour peaufiner un projet, voire pour s'associer avec la personne dont le soutien sera d'une grande aide et d'un grand soulagement.

Ing indique la guérison de blessures et de maladies. Tout s'arrange, tout semble retrouver sa place initiale ou du moins la place qui devrait être la sienne à l'heure actuelle. Il faut juste un peu plus de patience.

Au niveau sentimental, Ing apporte la passion, pousse vers de nouvelles expériences et stimule le désir sexuel, elle laisse entendre une très grande satisfaction de ce côté-là.

Elle peut signifier la fin d'une histoire d'amour et l'attente avant d'entamer une nouvelle histoire ou peut signifier que deux âmes vraiment bien assorties ne vont plus tarder à se rencontrer. Elle peut signifier le changement de l'état de célibataire à l'état de personne en couple, que les blessures de cœur cicatrisent pour pouvoir recommencer à aimer, tout comme elle peut annoncer le passage de personne sans enfant à l'état de parent ce qui implique souvent une maternité prochaine.

Elle indique que le consultant est quelqu'un d'aimant et de chaleureux, quelqu'un de droit et de non calculateur.

Ing représente aussi la lumière intérieure de l'être humain, celle qui éclaire la conscience. Elle garantit de comprendre et de démêler les situations complexes qui se présentent au quotidien. Elle permet de découvrir ses mauvais côtés pour mieux les corriger.

Ing ne peut être inversée mais son sens n'en est pas pour autant entièrement positif, tout dépend du point de vue. Par exemple, elle annonce la fin de quelque chose, potentiellement d'une période de trouble mais les actions mises en place pour atteindre cette fin ont pu générer des habitudes qui n'ont plus lieu d'être et qui vont laisser un sentiment de perte, de vide. Elle peut aussi signifier qu'une personne est dans l'erreur et qu'à cause de cela, elle provoque des catastrophes. Elle doit donc effectuer une petite introspection pour s'assurer du bienfondé de ses actions.

Sens à l'envers :

Si la rune est marquée pour connaître son orientation et qu'elle est à l'envers, Ing indique que les rêves, l'amour, les finances du consultant s'écroulent malgré le fait qu'il ait tout fait pour que cela réussisse. Il lui faut maintenant se ménager pour éviter de craquer nerveusement.

Si les finances étaient dans le rouge il y a peu, elle indique qu'avec un peu de patience, tout va s'arranger.

Utilité en magie :

Utilisée avec une gentiane, Ing peut soigner les maux d'estomacs. Elle permet de concentrer et d'accumuler l'énergie puis de la libérer au moment opportun, elle n'est donc pas utilisable instantanément. Cette libération soudaine d'énergie peut représenter une explosion qu'il est bon de tempérer avec d'autres runes comme Ger ou Beorc, toutes deux des runes d'apaisement. Avec Lagu, Ing apporte la détresse psychologique alors qu'avec Daeg, elle apporte la longévité tant du corps que des relations. Avec Ehwaz, Ing accroit la longévité si elle est portée sur soi en permanence.

Ing peut être inscrite sous une forme prolongée (ci-contre) et dans ce cas, elle représente l'expansion sans limite, la transmission de l'énergie.

Ing peut être utilisée pour remplacer le cercle magique, les quatre coins peuvent représenter les points cardinaux. Elle permet aussi de garantir la réussite des rites, en concentrant, stockant et transformant la puissance puis en libérant l'énergie soudainement. Elle permet aussi d'aider à la méditation. Avec Lagu, elle est utilisée pour accroitre ses pouvoirs occultes.

Elle est utilisée dans certains cultes de la nature et dans des magies de fertilité, notamment des formules de fertilité masculine.

Ing accroit les pouvoirs de transition ou d'achèvement préexistants dans les runes utilisées avec elle. Elle est utilisée pour permettre l'achèvement d'une affaire en cours, garantir sa pérennité et pour pouvoir profiter en paix des bénéfices sans que personne ne puisse spolier le bénéficiaire légitime de ses profits.

Ing permet de réaliser ses rêves, notamment si elle est associée à Feoh, Ur, Ken ou Ehwaz.

Elle peut être utilisée pour les voyages astraux. Utilisée avec un miroir ayant sa forme, elle faciliterait encore plus ce type de voyage.

Avec Sigel, Ing est utilisée pour retrouver des forces et accroitre sa résistance physique.

I 37) Daeg

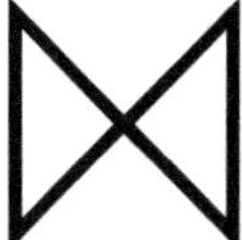

Autres noms : Dagaz, Dag
Signification : Le jour
Lettre latine représentée : D
Divinités tutélaires : Heimdall, Loki
Animal totem : Coq
Arbres : Sapin, épicéa commun de Norvège, chêne
Plantes : Orvale, le souci, sclarée
Pierres : Chrysolite, diamant
Eléments : Feu et Air
Couleurs : Rouge, bleu clair
Polarité : Mâle

Sens Divinatoire :

Sens Droit :

Daeg représente l'aube, le soleil dispensant ainsi son énergie au monde, accroissant la force vitale de l'individu et toutes les énergies positives qui coulent en lui. Sa lumière apporte la clarté, la sérénité, la lucidité, elle permet aussi d'apaiser, d'apporter de l'espoir et de dissiper des angoisses. C'est la rune des fins positives.

Daeg marque la fin d'une ère et le début d'un nouveau cycle dans sa vie, de changements positifs, de succès inattendus, de métamorphose, d'évolution de la personnalité. Le consultant a su apprendre de son passé ce qui lui permet de continuer son évolution sans crainte. Cette évolution peut toucher tous les domaines de la vie : une promotion, une promesse d'embauche, un nouvel amour, la fin de problèmes au travail ou de disputes en famille… Daeg peut aussi impliquer un accord harmonieux entre deux états contraires (féminin et masculin, bien et mal…).

Au niveau de la santé, le consultant retrouve son énergie, il va mieux et les changements lui remontent le moral.

Au travail, l'audace est couronnée de succès, cela permet d'avancer dans des projets et de prouver que ses ambitions sont justifiées.

Au niveau sentimental, Daeg peut signifier la transformation d'une relation, par exemple, une amitié avec un ami de longue date peut se transformer en passion, en amour véritable. Il peut aussi s'agir de l'inverse : d'une passion qui ne devient plus qu'une simple amitié.

Un conflit dans un couple pourrait bien se terminer par une séparation, un divorce d'un commun accord, mais ce ne sera pas forcément une mauvaise chose car cela permettra d'entrer dans un nouveau cycle.

En cas de rupture récente, il est grand temps de faire table rase du passé et de passer à autre chose, une nouvelle relation attend le nouveau célibataire.

Daeg ne peut être inversée, mais contient un aspect négatif non négligeable car l'égocentrisme dont elle peut faire preuve peut nuire à la personne qui en souffre autant qu'à ses proches. Elle peut aussi indiquer un trop plein d'énergie à la limite de la saturation.

Sens à l'envers :

Si la rune est marquée, il se peut que la routine, que ce soit dans son couple, dans la manière de s'occuper de sa santé ou de ses affaires, soit nuisible. Dans le même temps, il est déconseillé de changer sa manière de faire dans l'immédiat, il vaut mieux se contenter de ce qu'on a, de bien réfléchir pour changer en bien et avec succès.

Utilité en magie :

Correctement utilisée avec le souci (plante), Daeg a des propriétés curatives. Avec Sigel, elle accroit les capacités de récupération d'une personne, lui permettant de retrouver la santé plus rapidement mais elle permet aussi de voir la fin du tunnel, de sortir de la déprime.

Daeg permet d'atteindre l'équilibre des énergies qui coulent dans ses veines, notamment des forces contraires et d'attirer le bonheur tout en distribuant à son tour la joie afin d'en attirer davantage à soi.

Sa lumière permet d'apporter l'inspiration et la lucidité. Avec Is, Daeg a le pouvoir d'imposer ses décisions aux autres. Utilisée seule, elle peut être utilisée pour changer d'attitude ou d'opinion. En théorie, on est capable de changer volontairement d'attitude ou d'opinion, mais elle permet d'aider à mieux gérer ce changement. Si on l'utilise avec Tyr, elle permet de se libérer d'une addiction.

Utilisée avec d'autres runes positives, Daeg peut permettre à son chrysolite d'acquérir des pouvoirs semblables à celui d'un diamant. Daeg atténue les effets négatifs des runes inversées, ou de Nied et Is et accroit la positivité de toutes les autres. Daeg peut accroitre les qualités expansives de Lagu, permettant aussi ensemble d'éveiller des pouvoirs ou des talents cachés.

Avec Nied, Daeg permet de transformer sa vie en se débarrassant des poids morts.

Daeg peut être utilisée pour bloquer les attaques ou les événements. Elle peut aussi permettre d'évoluer pour parvenir à la réussite financière. On peut l'utiliser avec Ansur pour accroitre les gains et avec Othel pour accroitre le prestige d'une réussite.

Daeg est utilisée en magie pour cacher des choses ou des personnes, les rendre pour ainsi dire invisibles. Il peut s'agir de placer ces gens ou ces choses dans une sorte de monde entre les mondes, ou plutôt de faire en sorte que personne ne les remarque : ainsi, une personne passera inaperçue dans la foule, un véhicule ne sera pas vu des voleurs ou des agents de police pouvant vouloir le verbaliser… Inscrite sur les portes ou les volets, elle permet d'empêcher les mauvais esprits d'entrer tout en laissant entrer les énergies positives.

Selon certains, elle représenterait le Bifröst, le pont arc-en-ciel, qui relie la Terre à Asgard, elle peut donc faciliter les passages entre les mondes.

I 38) Othel

Autres noms : Othila, Othel, Othalaz, Odal, Ethel, Ethil
Significations : Les biens matériels, l'héritage
Lettre latine représentée : O
Divinité tutélaire : Odin
Animal totem : Loup
Arbre : Aubépine commune
Plantes : Trèfle blanc ou rampant, perce-neige
Pierre : Rubis
Elément : Terre
Couleurs : Rouge, or, jaune profond
Polarité : Mâle

ᛟ

Sens Divinatoire :

Sens Droit :

Othel est liée à toute forme d'héritage : patrimonial, familial, génétique, culturel… Othel annonce également un cadeau du destin, quelque chose auquel on ne s'attend pas.

L'héritage peut être simplement un devoir de mémoire : se souvenir de ses aïeux, de ses amis décédés ou des dieux et déesses, car ils continuent d'exister tant qu'on se souvient d'eux, tant qu'on croit en eux. Dans le cas des défunts, il ne s'agit pas de les pleurer à vie, juste d'avoir une petite pensée positive pour eux de temps en temps (par exemple, prier pour qu'ils poursuivent leur évolution…). On peut agir sur leur destinée après leur mort en leur envoyant des pensées positives et on peut agir sur la puissance des dieux en croyant en eux.

Il peut s'agir aussi d'une simple visite à une personne âgée qui permettra de parler de personnes disparues mais pas oubliées ou de se rappeler de son passé car des réponses à ses questionnements actuels y sont cachées…

Au niveau génétique, Othel représente les traits physiques, les tares génétiques que l'on peut hériter de ses parents, grands-parents.... Il peut s'agir aussi de la mémoire familiale / ancestrale : photos, objets, journal intime, des faits racontés par ses parents ou bien des habitudes, bonnes ou mauvaises, héritées de ses parents : une façon de conduire, de se comporter, des tics, des tocs, des dons pour la peinture, le dessin.... Elle représente le vécu de l'individu, toutes les connaissances, les expériences qu'il a acquises dans sa vie mais aussi celles de ses aïeux et l'invite à les écouter afin de surmonter les épreuves qui l'attendent. Si des conseils de personnes défuntes sont recherchés, il se peut qu'elles essaient de communiquer via les rêves, il est donc important d'y faire attention.

Othel conseille de rechercher la stabilité dans tous les domaines. Elle conseille de s'installer à quelque part où l'avenir pourra être envisagé en toute sérénité, un lieu d'où le consultant n'aura plus envie de partir et où il pourra vivre entouré de ses proches.

Si le consultant doit passer des examens, les leçons apprises par le passé lui seront bénéfiques, le fait d'avoir bien suivi en cours aussi ! Othel peut représenter un professeur, un prêtre, toute personne ayant plus de connaissances que soi et qui les transmet. Elle peut aussi indiquer une connexion temporaire à la mémoire de l'Univers / des dieux et ainsi affirmer que les connaissances du consultant sont presque infinies.

Au niveau financier, Othel indique un patrimoine matériel (maison, voiture, argent) hérité de sa famille tout au long des générations. Il s'agit en somme d'un legs, un héritage traditionnel mais souvent inattendu. Il peut s'agir de biens matériels acquis au cours de son existence et qui formeront un héritage à leur tour ou il peut s'agir d'économie à faire pour l'avenir.

Au niveau professionnel, Othel encourage à utiliser son expérience professionnelle pour aider les autres ou bien à utiliser l'expérience des autres pour accomplir au mieux ses tâches. Elle rappelle que les anciens ont toujours quelque chose à transmettre et que le consultant peut également leur apprendre quelque chose. Par exemple, lorsqu'un plus âgé apprend à un plus jeune à se servir d'un appareil mécanique, voire à le réparer, et qu'un plus jeune en retour lui apprend à se servir d'un appareil de plus haute technologie.

Au niveau santé, le consultant commence à vieillir, il doit éviter les activités qui l'épuisent ou qui usent ses articulations. Elle peut indiquer des problèmes de mémoire qu'il faut prendre au sérieux. Elle peut aussi conseiller de mettre par écrit tout ce qui peut être important afin de ne pas l'oublier. Elle peut conseiller aussi d'écrire ses mémoires pour laisser une trace à ses descendants de sa vie. Le passé d'une personne est toujours plus intéressant qu'elle ne le pense pour ses descendants, même des petits secrets pourraient être utiles aux générations futures car ils peuvent permettre d'expliquer certaines situations.

Au niveau sentimental, Othel parle d'une relation amoureuse durable, probablement une relation qui dure depuis longtemps ou avec quelqu'un que l'on connait depuis longtemps. Il peut s'agir de retrouvailles à l'occasion d'une séparation (divorce d'un des deux ou des deux), d'un décès, qui ranimera ou avivera la flamme et permettra d'obtenir une relation durable soutenue par les deux familles.

Elle parle aussi d'une bonne entente entre les générations ou d'une relation entre deux personnes de générations différentes, avec un grand écart d'âge.

Dans la mesure où elle annonce des héritages, Othel implique forcément la mort d'une personne de son entourage. Mais la mort de la personne peut déjà être effective depuis un certain temps. Dans ce cas, elle annonce que le consultant recevra bientôt sa part d'héritage ou que cette personne l'a mis sur son testament malgré des liens de parenté distants ou même l'absence de liens de parenté.

Sens à l'envers :

A l'envers, Othel représente le fait de renoncer à ce qui est dû, que ce soit une part d'héritage, de l'argent, la famille, un groupe… Il peut s'agir d'une personne qui renonce à ses biens pour aller vivre en ermite ou bien de quelqu'un qui renonce à de l'argent en faveur de quelqu'un d'autre, ou bien encore de quelqu'un qui renonce à se battre. Si un petit repli sur soi provisoire peut permettre de faire le point et de se retrouver, se replier sur soi-même trop longtemps est une mauvaise idée. En effet, la passivité et l'isolement d'une personne pourraient lui nuire sur le long terme.

Othel implique aussi une part de remise en question de son rapport avec l'argent : même si l'argent contribue au bonheur, il ne le fait pas, il faut se souvenir de ce qui est vraiment important dans la vie.

Son futur professionnel n'est pas acquis, des problèmes pourraient surgir. Faire appel à un professionnel permet de recevoir l'aide adéquate pour se sortir d'ennuis ou pour progresser.

Au niveau sentimental, Othel retournée peut signifier la fin d'une histoire d'amour ou d'une relation amicale, il s'agit de relations qui laisseront des traces dans l'inconscient de la personne. Il est conseillé d'éviter les querelles pour laisser une chance à ces relations de renaitre par la suite.

Le passé ressurgit : un(e) ex pourrait essayer de remettre le grappin sur le consultant. Il faut éviter de revoir cette personne, elle pourrait nuire fortement à son couple actuel. D'autres événements du passé pourraient ressurgir et lui nuire, il faut donc faire attention aux cadavres de ses placards !

A l'endroit, Othel représente déjà la mort en quelque sorte puisqu'elle parle d'héritage. Si la rune apparaît retournée, la personne visée par le tirage peut se révéler être en danger ou proche d'une mort naturelle, la santé est à surveiller particulièrement.

Une grosse période de fatigue anormale pourrait se manifester.

Utilité en magie :

Othel permet d'invoquer Odin et de renforcer l'impact des rituels magiques en leur permettant d'agir dans notre monde. Elle apporte de grands pouvoirs à qui l'utilise pour de grandes causes, que la cause soit bonne ou mauvaise. Elle peut générer une puissance susceptible de générer le Ragnarök, le crépuscule des dieux…

Elle fait disparaître son égocentrisme pour créer un sentiment d'appartenance à un groupe (famille, clan, équipe, entreprise…) ce qui permet de travailler ensemble plus facilement, malgré les différences de chacun, pour le bien de tous. Avec Geofu, elle permet à une association de personnes, que ce soit un couple d'associés, une famille ou des amis associés, une association caritative…, d'atteindre la prospérité s'ils fournissent un travail commun.

Othel renforce les liens familiaux, que les membres de la famille soient vivants ou décédés, ce qui permet de bénéficier du savoir de chacun. Elle permet notamment d'invoquer ses ancêtres pour obtenir leur aide ou d'utiliser leur magie qui sommeillait en soi.

Othel permet d'attirer la richesse et la prospérité grâce à ses actions passées ou à des héritages bien placés. Cet argent permettra d'être respecté et d'acquérir un certain statut social. Avec Ur, Othel apporte le succès par la persévérance mais permet également l'acquisition d'une maison. Avec Ansur, elle permet d'obtenir une aide désintéressée. Avec Ing, Othel permet de réaliser un rêve et d'acquérir des biens immobiliers.

Elle permet de protéger ses biens (objets, propriétés, voitures…) et ses investissements durables, notamment pour pouvoir les transmettre aux générations futures ou parce qu'ils ont été hérités de ses aïeux.

Avec Rad, elle permet d'être plus rapidement autonome et d'obtenir plus de liberté que ce soit dans la vie ou dans ses projets professionnels.

Utilisée avec un perce-neige, Othel apporte l'espoir.

Elle peut être utilisée pour régler des problèmes causés par ou à des personnes âgées.

I 4) La rune neutre : Wyrd, symbole de l'inconnu

Autres noms : rune d'Odin, rune blanche, bouclier des Walkyries
Signification : Destin
Lettre latine représentée : aucune
Divinités tutélaires : Nornes
Animaux totems : Corneille, corbeau
Arbres : Hêtre, Yggdrasill
Plante : /
Pierres : Opale (pierre du destin), cristal de roche
Eléments : Tous
Couleur : Blanc
Polarités : Mâle et femelle

Sens Divinatoire :

La rune Wyrd est un ajout du futhark moderne et ne contient aucune inscription. Certains la considèrent comme une erreur car elle reprend des attributs de Peorth, d'autres la considèrent comme la somme de tout l'alphabet et certains encore la considèrent comme très utile car elle est la rune du destin et de l'inconnu. Elle doit fréquemment être interprétée avec les runes qui l'accompagnent car celles-ci déterminent le domaine d'action de Wyrd.

Sens Droit :

Wyrd représente la fatalité, le destin, ce qui ne peut être changé, ce qui va arriver mais qu'on ne peut contrôler et qu'on ne peut connaître à l'avance. Elle annonce des situations imprévues et inévitables qu'elle n'explique pas si elle est seule. Il est donc nécessaire de tirer d'autres runes avec elle pour avoir des éclaircissements sur le changement brutal qui va bientôt arriver.

Elle demande d'accepter avec courage cette période incontrôlable, ce moment où le consultant va perdre le contrôle de sa vie car le calme reviendra bientôt. Elle conseille de lâcher prise sur les événements qu'on ne peut contrôler et d'avoir confiance en son avenir.

Wyrd prévient qu'il est risqué d'agir sans réfléchir, de manière impulsive, et que les actions d'aujourd'hui auront des répercussions demain et peut-être même sur le lendemain de ses enfants. Elle apprend que ce n'est pas le moment pour un investissement ou pour une réorientation quelle qu'elle soit, trop de choses sont inconnues pour pouvoir avancer. Wyrd invite à la prudence et à la réflexion.

Wyrd rappelle que le destin dépend de forces que le consultant ne contrôle pas forcément, ce qui lui apporte une certaine chance, mais son destin n'est pas déterminé à l'avance pour autant, c'est à lui de l'écrire. Il possède toujours son libre-arbitre. En définitive, il est le seul maitre de sa destinée.

Au niveau sentimental, Wyrd confirme au consultant que sa relation ne dépend pas que de lui, mais également de son / sa partenaire. Il faut une action des deux côtés pour qu'une relation marche. Si le consultant se pose des questions sur sa relation, Wyrd ne veut pas lui dévoiler quoi que ce soit qui puisse influencer sa destinée. Il lui faut trouver les réponses par lui-même ou attendre un moment plus opportun pour reposer la question.

Wyrd peut simplement vouloir signifier qu'on ne se pose pas la bonne question ou pas de la bonne façon, pas au bon moment, qu'il faut reposer la question plus tard ou bien qu'on ne doit pas connaître la réponse, que cela pourrait fausser son avenir. Toutes les vérités ne sont pas bonnes à dire et ne doivent pas être entendues par tout le monde. Certains secrets ne doivent pas être révélés ou alors seulement au moment opportun.

Par exemple, si on demande si on va réussir un examen avant ledit examen, et que la réponse était « oui », on pourrait être tenté d'arrêter ses révisions et louper ainsi le passage qui serait utile le jour de l'examen, et par conséquent, rater son examen. Inversement, si on apprend qu'on ne va pas réussir son examen, soit on va arrêter ses révisions et rater l'examen, soit on va mettre les bouchées doubles et ainsi réussir son examen. Aussi, Wyrd préfère ne rien révéler d'important avant un événement majeur de sa vie pour qu'on prenne librement les décisions importantes. Pour les examens, il est préférable de poser la question après ledit examen pour en connaître les résultats.

Sens à l'envers :

Si la rune est marquée pour connaître son orientation et qu'elle est à l'envers, il vous faut laisser agir le destin pour une fois. Se laisser aller un petit moment est nécessaire. Des fois, cela fait du bien de ne rien faire et de se reposer.

Suivant les runes tirées avec elle, notamment si elles sont inversées, elle peut signifier que des événements importants contrarieront des projets ou des attentes.

Utilité en magie :

Aucune que je sache. Wyrd est une rune ajoutée récemment pour la divination. Par conséquent, elle n'est pas utilisée en magie par ceux qui pratiquent la magie runique ancienne. Cependant, il est à parier que bientôt cet état de fait changera.

Ceci étant, même si elle n'est pas utilisée pour la magie, elle peut être utilisée pour pratiquer une méditation sans but notoire, une méditation qui n'aurait comme but que d'élever votre esprit.

II La divination par les runes

II 1) La pratique de la divination

II 11) Qui peut tirer les runes ?

Tout le monde peut apprendre à se servir des runes pour la divination mais il est préférable d'avoir des dons de voyance pour pouvoir apprécier davantage leurs savoirs divinatoires. Certains diront qu'il faut posséder une « âme collective nordique » (une sorte de mémoire génétique ou de mémoire Akashique), être originaire d'un système tribal traditionnel semblable aux anciennes structures germaniques (comme les tribus africaines), épouser un nordique ou faire un serment de fraternité pour pouvoir les tirer, voire qu'il faudrait établir un canal de communication avec les runes pour qu'elles puissent parler par elles-mêmes.

Personnellement, je suis française avec des origines méditerranéennes, j'ai bien un aïeul partiellement anglais mais je doute qu'avec si peu de sang du nord de l'Europe, je sois connectée aux mémoires collectives nordiques. Je ne suis pas issue d'une tribu et je suis célibataire et pourtant, j'arrive à tirer les runes et à obtenir des réponses fiables sans avoir fait autre chose que mon propre jeu consacré. Du coup, j'ai bien l'impression que le fait d'avoir des liens ou non avec l'endroit originaire des runes n'a que peu ou pas du tout d'importance pour son usage divinatoire.

II 12) Pourquoi consulter les runes ?

A l'origine, la pratique de la divination était réservée à des sorciers ou à des prêtres qui interrogeaient les Dieux, leur demandant de les éclairer.

De nos jours, on a tendance à traiter les runes comme on traite les jeux de tarots. On les interroge sans trop se demander à qui on s'adresse, d'autant que la majorité des personnes qui les tirent ou à qui elles sont tirées ne croient pas aux anciens dieux nordiques.

Elles peuvent servir de guide car lorsqu'elles sont tirées, elles peuvent indiquer des solutions peu envisagées ou une nouvelle voie à suivre. Elles peuvent aider le consultant en indiquant les événements à venir mais à l'instant même où les runes lui révèlent l'avenir, ce dernier change puisqu'il est alors possible d'agir en conséquence pour le modifier.

Les runes peuvent être consultées pour des sujets qui tiennent à cœur ou pour avoir une tendance pour une période donnée. Cependant les questions liées à l'argent sont à éviter, comme par exemple, connaître les numéros du loto ou dans quoi investir. Les runes ne sont pas là pour obtenir des bénéfices immenses. Une fois que le runiste débutant obtiendra des résultats satisfaisants pour lui-même, il pourra les tirer pour d'autres personnes en présence ou non de l'intéressé.

II 13) Interprétation des réponses

Parfois les réponses ne seront pas claires, voire incompréhensibles sur le moment. Il se peut que la question soit mal posée. Par exemple, si on demande « *Est-ce que mon fils et ma fille vont se marier bientôt ?* », la réponse peut être oui, si c'est le cas pour les deux, mais les runes ne sauront pas quoi répondre si l'un va se marier plus vite que l'autre. Il faut donc séparer la question en deux : « *Est-ce que mon fils va bientôt se marier ?* » et « *Est-ce que ma fille va bientôt se marier ?* ». Si quelque chose est sous-entendu, les runes répondront peut-être au sous-entendu. Par exemple, s'il est demandé « *Est-ce que mon mari m'aime vraiment ?* » alors que la fidélité du mari est mise en doute, il se peut que ce soit à la question sur ses infidélités que les runes répondront, d'autant que le mari pourrait très bien aimer le questionneur et le tromper en même temps. Donc, bien choisir ses questions avant de les poser est impératif. Il se peut aussi que si le message est incompréhensible, c'est parce que les runes ne veulent pas répondre, parce que le consultant ne doit pas savoir pour pouvoir poursuivre son évolution ou parce qu'elles ont un message bien plus important à lui transmettre que la réponse à sa question. Elles peuvent vouloir l'aiguiller vers un aspect du problème qu'il n'a pas envisagé ou alors le problème vient simplement du fait que le consultant n'est pas assez concentré sur ce qu'il fait.

Si une rune tombe du sac ou de la table, bien la prendre en considération, elle a sûrement un message important à délivrer.

Si au cours du tirage, une rune semble incohérente, si le runiste ou le consultant ne la comprend pas, le runiste peut demander aux runes de lui apporter plus de précisions en tirant une rune supplémentaire. Il peut ainsi ajouter une ou deux runes supplémentaires par tirage mais pas plus. S'il ne comprend vraiment pas le résultat du tirage, reformuler la question et retirer les runes peut s'avérer être une bonne idée. Comme tout système divinatoire, les runes n'aiment pas qu'on leur repose 10 fois de suite la même question. Il vaut mieux ajouter une ou deux runes supplémentaires plutôt que faire plusieurs tirages pour la même question.

Il ne faut pas essayer de tricher en influençant les réponses, cela pourrait être nuisible. Interpréter toujours le plus justement possible les runes s'avère nécessaire même si cela ne correspond pas aux attentes du consultant. Il faut essayer cependant de faire ses révélations avec tact.

Pour les débutants, je conseille de noter sur un cahier, ou sur un fichier de son ordinateur, les questions posées, les tirages effectués, les runes tirées, les interprétations et de vérifier quelques temps plus tard, les erreurs d'interprétations que le runiste a pu commettre, ou bien ce que deux runes ensemble ont pu avoir comme effets, afin de voir si l'interprétation se répète au travers d'autres tirages pour pouvoir compléter les pages de cet ouvrage.

II 14) Fréquence des tirages

Il n'y a pas vraiment de règle en matière de fréquence des tirages. Les runes peuvent très bien être consultées tous les jours comme une fois par semaine, une fois par an ou encore une seule et unique fois dans sa vie. Cela dépend avant tout des besoins du consultant. Cependant, il faut prendre du recul par rapport au tirage, il ne faut pas en devenir dépendant. Les runes sont là pour aider, pas pour contrôler la vie de qui que ce soit.

Ce que je suggère, notamment aux runistes débutants qui en ont le temps, c'est de tirer une rune par jour, soit le matin avant d'aller travailler ou de vaquer à leurs occupations, soit le soir pour le lendemain afin de connaître la tendance de la journée à venir. Bien sûr, il n'arrivera pas tout ce que peut signifier une rune en une seule et unique journée, mais elle indiquera une tendance pour la journée à venir. Je conseillerais de noter sur un cahier / fichier, les événements notables de la journée afin de les rapprocher des prédictions de la rune tirée. La rune tirée tous les jours est plus efficace pour apprendre la signification des runes que le tirage sur une semaine ou un mois et plus.

Je rappelle au consultant que s'il consulte un professionnel pour qu'il lui tire les runes, ce professionnel peut toujours vouloir l'arnaquer. Il y a des escrocs aussi chez les runistes. La prudence est de mise surtout si le runiste multiplie les séances, car il y a alors de fortes chances que ce soit pour escroquer toujours plus d'argent...

II 15) Ambiance et état d'esprit

Avant de procéder à un tirage, il est préférable de créer une certaine ambiance comme pour la majorité des tirages divinatoires. En d'autres termes, il suffit d'un éclairage tamisé (bougies ou lumière naturelle), un peu d'encens ou d'huile essentielle, ainsi qu'un « tapis » de tirage blanc (une pièce de tissu blanc, un simple foulard blanc ou encore un mouchoir blanc fera très bien l'affaire).

Le tirage peut également être fait en pleine nature ce qui renforce le pouvoir divinatoire des runes, mais dans ce cas, il faut éviter de rajouter des bougies pour éviter les risques d'incendies.

Il faut pouvoir se concentrer sur le tirage à faire, donc, il faut débrancher toute source de nuisance (téléphone, interphone...) mais il faut aussi être calme, posé et prêt à recevoir des messages. Si le runiste ou le consultant est stressé, en colère, émotionnellement perturbé, il ne parviendra pas à capter les messages des runes ou il pourrait aussi les biaiser par ses sentiments. Aussi, avant tout tirage, je conseille de méditer quelques minutes pour pouvoir faire le vide en soi et mieux se concentrer.

II 16) Façon de tirer les runes

Avant de procéder aux différents tirages qui peuvent vous fournir une réponse à toutes sortes d'interrogations, le runiste doit décider de la manière de choisir chaque rune et la poser sur la position correspondant à l'ordre de tirage (la première rune tirée là où il y a « 1 », la deuxième rune sur le « 2 »...) comme défini dans mes modèles de tirages. Le nombre de runes détermine la précision du message mais aussi le temps couvert par les runes. S'il n'y a qu'une rune, la réponse est immédiate, dans la semaine ou le mois à venir. Alors qu'un tirage à 7 ou 10 runes peut comprendre un plus grand laps de temps.

Le runiste (ou la personne à qui est destinée le tirage) peut plonger la main dans le sac qui les contient, sans regarder à l'intérieur pour pouvoir les choisir à l'aveuglette et laisser ainsi le hasard ou les dieux mettre la rune adéquate en main. Il peut également déposer au hasard toutes les runes faces cachées sur le tapis de lecture et choisir celles qu'il veut. Les deux techniques sont semblables mais si la seconde est utilisée, je vous suggère de fermer les yeux parce qu'au bout d'un certain temps, il y a des risques de reconnaître l'envers des runes sans même s'en rendre compte et par conséquent, fausser le résultat. S'il s'agit de tirer les runes pour une personne qui n'a jamais vu le jeu, ou rarement, cela ne pose pas de problème si elle tire elle-même les runes sans fermer les yeux. Le runiste peut également mélanger les runes dans le sac et le vider entièrement sur le tapis de lecture, il faut alors n'interpréter que celles qui sont retournées. Si le tapis de lecture comporte un schéma de tirage, il ne faut interpréter que les runes qui sont tombées sur les emplacements (assez larges) prévus pour les runes.

Avant de commencer le tirage, le runiste doit se concentrer sur la question qu'il souhaite poser en tenant le sac de runes. S'il tire les runes pour quelqu'un, ce quelqu'un doit se concentrer sur la question en tenant le sac de runes dans ses mains et le runiste sur le fait que le consultant obtienne la réponse dont il a besoin pour avancer.

II 2) Les Différents tirages

Selon les sources, les tirages varient un peu. Par exemple, selon certaines sources, la rune tirée en troisième sera tirée en cinquième pour être mise au même endroit. Parfois, elles ne représentent pas tout à fait la même chose : la rune peut représenter le passé dans un tirage et le futur dans un autre portant le même nom. Je mets toujours ce qui me semble le plus logique. Ce qu'il faut, c'est décider avant de mélanger les runes dans leur sac, où mettre chaque rune et quel ordre utiliser. Aussi, je conseille au runiste débutant pour ses premiers tirages, une fois une certaine pratique acquise ce ne sera plus nécessaire, s'il décide d'utiliser ses propres « ordres », de noter sur une feuille, à la manière des schémas que je mets dans ce livre, un schéma qui correspond à ce qu'il veut pour bien ordonner son tirage dans sa tête afin d'être sûr de placer les runes au bon endroit.

Personnellement, j'utilise les 25 runes, certains n'utilisent pas la dernière, mais je trouve qu'il est important de laisser une place à un événement inconnu, à une réponse qui ne peut être donnée ou qui ne doit pas être connue tout de suite.

Je relate ici les tirages les plus courants que l'on trouve un peu partout mais la liste des tirages n'est pas exhaustive. Il est possible aussi d'adapter les tirages de cartes aux runes, notamment le tirage des 12 maisons ou il est même possible d'en inventer un. L'important, c'est de mettre au point une « convention mentale » comme on peut en avoir avec d'autres moyens de divination, notamment les pendules.

II 21) Le tirage à une rune

Ce type de tirage peut aussi convenir pour des questions simples, pour obtenir un conseil sur un sujet bien précis, pour connaître la tendance du jour, de la semaine ou du mois…

Il suffit de tirer une seule rune et de l'interpréter. L'avantage de ce type de tirage, c'est qu'il peut être fait tous les jours, ce qui permettra au runiste de retenir plus facilement le sens des runes.

Quand le tirage à une rune sera bien maitrisé, il est conseillé de poursuivre en utilisant le tirage à trois runes, puis à plus de runes.

II 22) Les trois Nornes

Le tirage des trois Nornes est le tirage le plus courant et le plus simple.

Tacite en fait une description dans son livre (X) qui parle des Mœurs des Germains : « *Quant au fait de prendre les auspices et de consulter le hasard, les Germains y accordent autant d'attention que n'importe qui : la façon dont ils consultent le hasard est uniforme. Ils coupent une branche dans un arbre portant des noix et la coupent en petites lamelles. Sur celles-ci, on dessine certains signes et on les jette au hasard sur un linge blanc. Après cela, le prêtre en fonction, si la consultation est publique, ou le père de famille si la consultation est privée, offre une prière au dieu et pendant qu'il scrute le ciel, il prend trois de ces feuilles, une à la fois, et interprète leur sens à partir des signes qui y sont tracés. Si le message interdit quelque chose, on ne poussera pas la consultation plus loin ce jour là, mais s'il permet quelque chose, alors une confirmation ultérieure doit être menée en prenant les auspices...* ».

De nos jours, c'est la disposition la plus simple, après le tirage à une rune évidemment. Pour ce tirage, il suffit de placer trois runes faces cachées devant soi sur le tapis de tirage directement à l'emplacement qui convient le mieux au consultant. Personnellement, je les mets dans l'ordre de tirage (la première sur le Passé, la deuxième sur le Présent et la troisième dans le Futur).

L'interprétation des runes peut se faire de deux façons différentes selon si une réponse précise est souhaitée ou bien si un simple « oui » ou « non » suffit.

Dans le cas d'une réponse par oui ou non, trois runes positives correspondent à un « oui ». Si elles sont retournées, c'est un « non ». Deux runes positives, c'est un « oui » mais mitigé. Avec une rune neutre, une rune positive et une négative, la réponse est mitigée, voire mal posée et dans ce cas, il est difficile d'y répondre. Il faut aussi interpréter les runes pour avoir plus de précision car la présence de certaines runes, comme Wyrd, suggère de différer son choix même si la réponse est positive.

Dans le cas où une réponse précise est désirée, la première rune représente le passé en rapport à la question posée, ce qui a conduit à la situation présente, les apprentissages et les acquis. Elle résume aussi la question posée.

La deuxième représente le présent, ce que l'on doit faire, l'état d'esprit du consultant au moment où il pose la question. Il peut s'agir aussi des événements très proches.

La troisième représente le futur, le résultat de nos actions ou inactions, éventuellement, elle représente l'action à effectuer pour obtenir le résultat souhaité.

Une variante de ce tirage consiste à tirer trois runes pour chaque temps, soit au total 9 runes. Personnellement, je commence par trois runes et si le message n'est pas assez clair, que j'ai besoin de plus de précision, je rajoute une ou deux runes sur le temps qui me pose question (voire sur les trois si nécessaire).

1 Passé	**2 Présent**	**3 Futur**

II 23) Le tirage des 4 éléments

Le tirage des 4 éléments est une technique qui consiste à utiliser les caractéristiques des éléments pour définir des leçons à tirer de certaines expériences.

La première rune représente la terre et le Nord ce qui permet de comprendre les leçons physiques de la vie.

La deuxième rune représente l'eau et l'Ouest ce qui permet de comprendre les leçons sentimentales, l'équilibre affectif du consultant.

La troisième rune représente le feu et le Sud ce qui permet de comprendre les leçons spirituelles voire la destinée individuelle.

La dernière rune représente l'air et l'Est ce qui permet de tirer profit de ses connaissances et expériences pour atteindre la sagesse et s'en resservir à l'avenir.

	1 Les leçons physiques de la vie	
2 Les leçons sentimentales		**4 La leçon de sagesse**
	3 Les leçons spirituelles	

II 24) La croix d'Odin

La simple croix ou croix d'Odin est une technique semblable aux trois Nornes avec deux runes supplémentaires, soit 5 runes. Elle est surtout utilisée pour des personnes qui n'ont pas d'attente particulière, pas de question précise, qui veulent juste connaître leur avenir.

La première rune représente le passé et la deuxième le présent. La troisième représente le futur et les clefs pour l'atteindre.

La quatrième représente l'aide que l'on peut espérer d'autres personnes ou bien les atouts que l'on possède pour résoudre son problème. Il peut s'agir aussi d'événements favorables qui vont aider le consultant dans la résolution de sa question.

Quant à la dernière, elle représente ce qui fait obstacle ce qui peut représenter un ennemi ou un mode de pensée, un manque de confiance en soi…

	4 Aide	
1 Passé	**2 Présent**	**3 Futur**
	5 Obstacle	

II 25) La croix celtique

Le tirage de la Croix celtique est probablement importé du tarot. Il est préférable de l'utiliser pour guider d'autres personnes que pour se guider soi-même.

La rune 1 représente les événements passés en rapport à la question.

La rune 2 définit le présent ou la question en soi.

La rune 3 apporte des éclaircissements sur les événements futurs en rapport à la question posée.

La rune 4 représente les influences futures (personnes, pensées...) ou la voie à suivre.

La rune 5 exprime les influences de son passé, ce qui est déjà en soi mais qui influence toujours le consultant. Parfois, il s'agit de ses objectifs.

La rune 6 est le résultat, la réponse à la question, en lien avec la rune 3.

La rune 7 est soit ce qui motive le consultant, soit ce qui le freine dans la réalisation de son désir.

Les runes 8 et 9 concernent ce qui influence le consultant que ce soit à l'intérieur de lui (qualités, défauts, émotions) ou le monde extérieur.

Des fois, il y a une dixième rune, souvent superposée sur la quatrième, la deuxième ou bien sous la cinquième et représente soit les objectifs, soit un approfondissement de la question, soit encore des influences supplémentaires.

	4 Influences futures		**6 Résultat**
1 Evénements passés	**2 Question / Présent**	**3 Evénements futurs**	**7 Espoirs / Craintes**
	5 Influences passées		**8 Influences extérieures**
			9 Influences intérieures

II 26) La tête du dieu Mimir

Mimir est le gardien de la source dans laquelle Odin plonge son œil pour obtenir la connaissance des runes. Ces runes se tirent et s'interprètent par groupe de deux à l'exception de la dernière rune qui est seule. Ce tirage est utile pour déterminer l'évolution d'un problème.

Les runes 1 et 2 représentent la question, le fond du problème ou un événement du passé en rapport à la question.

Les runes 3 et 4 sont les obstacles, les facteurs extérieurs qui posent problème au consultant.

Les runes 5 et 6 sont des éléments des solutions, ce qui influence le consultant et qui peut lui apporter des réponses, des conseils à suivre.

La dernière représente la réponse à la question posée ou bien les conséquences des actions en rapport à la question posée, elle se réalisera si le consultant peut suivre les conseils des runes 5 et 6.

1 - 2 Question	3 - 4 Obstacle	5 - 6 Conseils	7 Réponse

II 27) Marteau de Thor

D'apparence, ce tirage ressemble soit à une pyramide soit au marteau de Thor.

La première rune représente le Consultant, son état d'esprit ou ce qui joue en sa faveur.

La deuxième rune définit les circonstances liées à la question, elle peut éclairer sur les personnes impliquées ou les événements.

Au-dessus se trouve la troisième rune qui représente les influences extérieures, les influences importantes et déterminantes pour le problème que le consultant est obligé de prendre en compte.

La rune 4 est la réponse à la question. Les runes 5, 6 et 7 sont des précisions à la réponse apportée par la rune 4. Il peut s'agir de conseils à suivre ou d'événements qui vont survenir en lien avec la réponse.

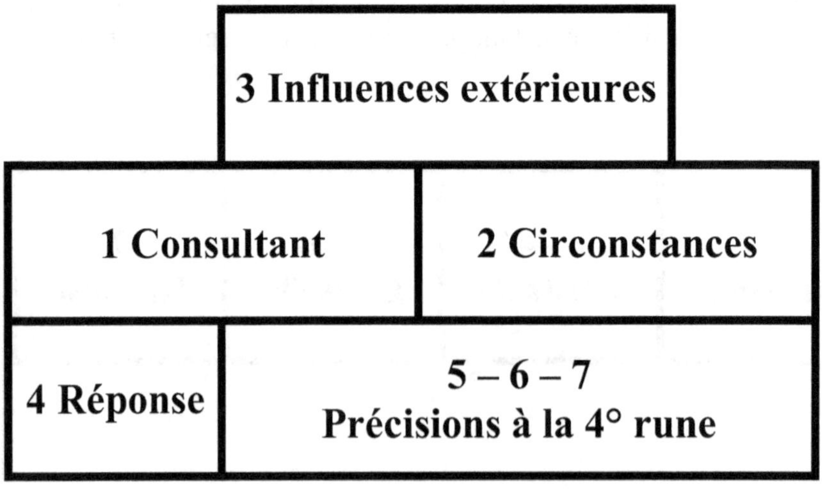

II 28) L'arbre d'Yggdrasill

Le tirage de l'arbre d'Yggdrasill a pour but de guider le consultant à travers la prochaine épreuve de sa vie.

La première rune représente ce que le consultant a besoin d'apprendre pour avancer dans sa vie.

La deuxième rune parle de sa ou ses prochaines épreuves.

La troisième indique qui conseillera le consultant, le guidera pour traverser ses épreuves avec succès.

La rune suivante indique quelles forces sont avec le consultant, quelle aide il peut espérer.

La cinquième rune est une mise en garde, un avertissement face aux dangers, aux obstacles qui attendent le consultant.

La sixième rune indique les chaînes dont il faut se libérer pour pouvoir avancer, comme le manque de confiance en soi, des croyances désuètes…

La dernière rune indique soit le résultat d'actions à venir, soit la leçon à tirer des épreuves qui vont jalonner l'existence du consultant dans les mois à venir.

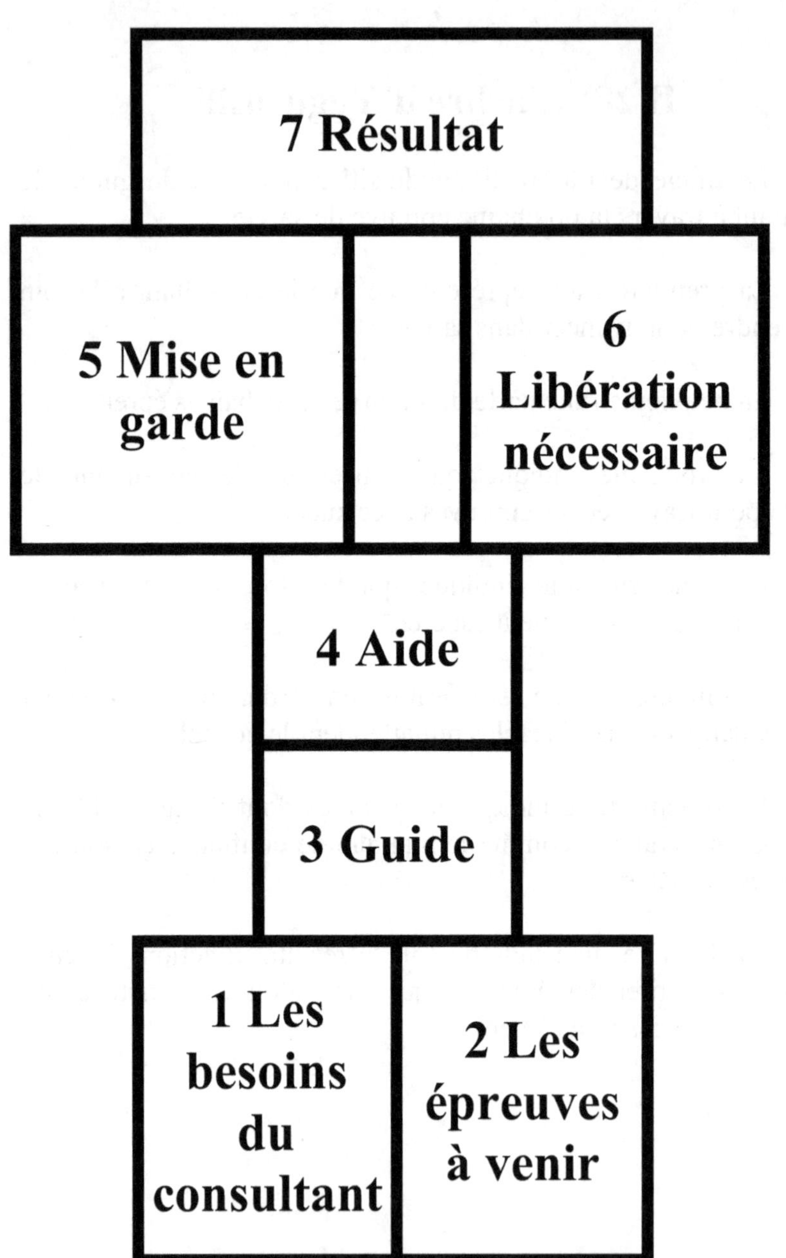
7 Résultat
5 Mise en garde
6 Libération nécessaire
4 Aide
3 Guide
1 Les besoins du consultant
2 Les épreuves à venir

II 29) Les diagrammes personnalisés

La plupart des tirages que j'ai décrits précédemment sont utilisables lorsqu'on choisit des runes dans un sac pour les mettre au bon endroit, ou lorsqu'on étale les runes faces cachées devant soi pour mettre les runes sélectionnées au bon endroit.

Si le runiste souhaite se contenter de vider son sac sur la table, et n'interpréter que celles qui tombent face écrite sur les cases, c'est tout à fait possible. Les runes tombant sur les traits des cases impliquent alors des transitions. L'organisation des runes des tirages précédents est dure à utiliser et il faudrait imprimer ou reproduire ces schémas en beaucoup plus grands.

Je conseille d'utiliser de nouveaux diagrammes. Pour faire des essais, il suffit de prendre une nappe en papier, de tracer un cercle très grand, de la taille maximale utilisable sur la table (ou par terre) et de séparer le cercle en autant de cases que nécessaire (3 pour le tirage des 3 Nornes, 5 pour celui de la croix d'Odin). Il faut essayer de faire en sorte que ces nouvelles cases soient de la même taille et d'inscrire les numéros des cases, ou ce qu'elles représentent.
Si cette méthode convient au runiste, il peut conserver sa nappe en papier, la rouler autour d'un bâton (un long bâton runique ou alors simplement le manche d'un balai) pour qu'elle ne soit pas pliée. Il lui est possible aussi de la reproduire sur un support plus durable : toile cirée transparente ou blanche (car non influencées par les motifs), bois (mais alors là, je suggère d'utiliser des planches de bois très fines parce que c'est une galère pour les conserver et les transporter), carton, tissus…

Ce support peut être purifié et consacré pour une meilleure utilisation divinatoire. Une fois créé, de l'encens purificatoire ou de la sauge blanche amérindienne peuvent être utilisés pour cela.

Ensuite, le support doit être exposé à la lumière de la lune (si possible la pleine lune) toute une nuit et au soleil pendant quelques heures.

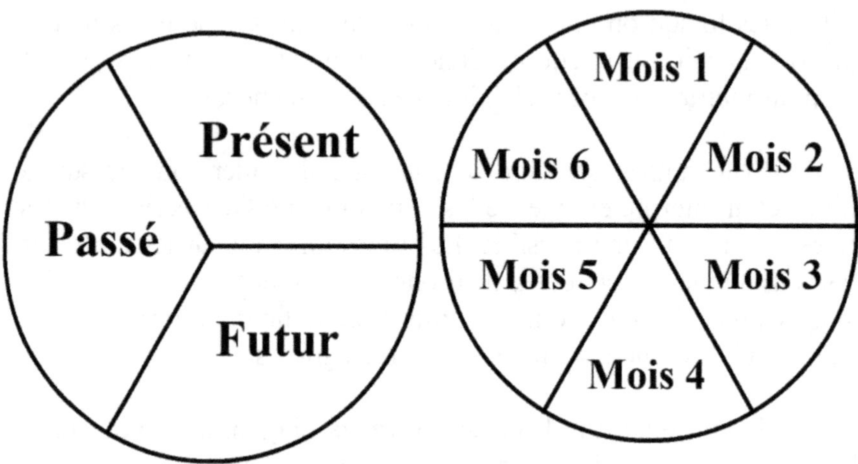

Exemple de diagramme pour le tirage des 3 Nornes

Exemple de diagramme personnalisé pour voir son avenir sur les 6 prochains mois

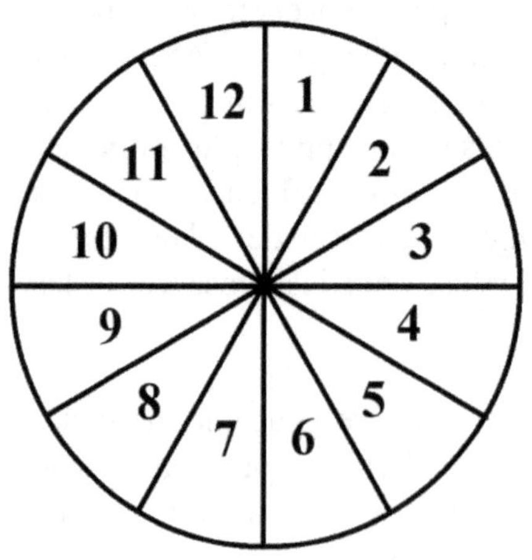

Exemple de diagramme personnalisé pour voir son avenir sur les 12 prochains mois, pour faire un tirage des 12 maisons ou pour tout tirage nécessitant une séparation en 12 parts

III Runes et magie

Les runes n'étaient pas qu'un système d'écriture ou une méthode de divination, elles servaient aussi pour la magie, le plus souvent sous la forme d'amulettes. Elles étaient utilisées en premier lieu par des sorciers pour protéger ou tuer, puis également par des gens du commun quand les runes se développèrent comme moyen d'écriture. La magie runique n'est pas un jeu de société mais un exercice laborieux qui demande du temps et de la patience.

III 1) Runistes et clients

Les maitres des runes, appelés aussi vitki, runistres ou encore runistes, étaient souvent des prêtres des dieux, qui étudiaient les runes pour en tirer les connaissances nécessaires à l'expression de leur art magique.

Ils étaient souvent vêtus de vêtements doublés de fourrures d'animaux (des vêtements classiques des nordiques), une bourse de charmes à la ceinture et un bâton à la main gravé de runes (voir « *B.A.-B.A. Magie runique* », page 22 pour plus de détails sur leur tenue). De nos jours, d'après Edred Thorsson (« *Futhark, manuel de magie runique* »), il faudrait porter également un bandeau blanc orné des runes brodées en rouge sur la tête, un pendentif gravé de runes, une tunique blanche, bleue ou rouge, une ceinture de cuir ou de daim, une bourse, un fourreau avec un couteau, un pantalon ou une longue jupe rouge ainsi qu'un manteau ou une cape à capuchon de couleur foncée et des chaussures en cuir ou pieds nus selon les rituels, peuvent être utilisés. Cependant, je doute fortement que les personnes qui tirent les runes ou qui les utilisent en magie portent encore ce genre de vêtements…

Le port d'un vêtement liturgique a surtout pour but de permettre au runiste de se concentrer sur l'acte à accomplir, il n'est donc pas essentiel. Cependant, il convient de porter quelque chose de sobre, en adéquation avec le but recherché.

A vrai dire, les runes n'ont en soi aucun pouvoir, c'est l'intention de la personne qui les utilise qui les investit de la force de leur signification. C'est la force de sa volonté, son désir originel qui imprègne la rune et lui donne son pouvoir. Le runiste extériorise ainsi sa propre puissance par l'entremise des runes dont les symboles renforcent la puissance dont il est capable. Pour que la magie des runes fonctionne, il faut non seulement que le runiste mais aussi celui à qui est destinée la rune croit en son pouvoir, sans quoi, il n'y aura aucun résultat. Il faut toujours les faire dans un but louable et il faut éviter de les faire sans l'accord de la personne visée car le runiste n'est pas toujours réellement au courant de ce que la personne visée veut vraiment. Si par exemple, une collègue raconte que son mari et elle cherchent à avoir un enfant, il est possible de leur proposer de leur faire un talisman pour accroitre leur fertilité mais seulement à condition d'être sûr à 100% que les deux veulent un enfant. Si l'un hésite et ne se sent pas prêt, il ne faut pas lui forcer la main, ce serait préjudiciable à tout le monde. Maintenant, si les deux veulent vraiment avoir un enfant ensemble, le talisman adéquat peut être réalisé pour eux sans forcément leur demander au préalable mais en leur expliquant bien le but du talisman en le leur remettant. Il faut que le runiste soit en accord avec les runes mais aussi avec la personne à qui est destiné le talisman, si le destinataire n'est pas d'accord, si le runiste tente d'imposer sa volonté, cela devient de la magie noire même si l'intention de base était bonne (l'enfer est pavé de bonnes intentions comme on le dit souvent). Le runiste peut très bien prendre ses amis comme cobayes, mais seulement avec leur accord. Quant aux animaux, on peut effectivement se servir d'eux pour expérimenter ses talismans de protection ou de guérison si les animaux vont souvent dehors ou s'ils sont blessés, mais il ne faut pas abuser non plus. Il ne faut pas les blesser pour savoir si son talisman de guérison fonctionne. Primo, ce serait de la maltraitance animale et c'est puni par la loi, et secundo, les runes pourraient retourner leurs pouvoirs contre le runiste pour lui rendre la monnaie de sa pièce. Il ne faut pas non plus tatouer son animal avec une rune pour qu'il soit protégé, ce serait lui faire mal pour pas grand-chose. Mais il est possible de lui rajouter quelque chose sur son collier ou de prendre une photo et de noter des inscriptions sur la photo pour le protéger à distance.

Les runes peuvent être autant utilisées en magie noire qu'en magie blanche car elles sont ambivalentes. Une même rune peut à la fois protéger une personne et lui nuire. Tout dépend de l'utilisation de la rune et des intentions du runiste. Si un runiste utilise trop souvent des runes avec de mauvaises intentions, cela peut changer la nature profonde du runiste, comme tout acte de magie noire en fait, car il engage une partie de lui-même dans ces rituels. Il ne faut pas oublier qu'en magie runique, la loi du choc en retour s'applique aussi, autrement dit, si le runiste fait le mal, il lui sera renvoyé comme un boomerang… Les runes peuvent être aussi empreintes d'énergie négative si le runiste a des idées noires au moment où il réalise ces runes. Il faut donc rester bien concentré sur ce qu'on fait si on ne veut pas fausser son travail.

III 2) Différents pouvoirs magiques

Autrefois, on prêtait différents pouvoirs magiques aux runes, relatés notamment dans le Hávamál (chant relatant au moins 18 charmes, voir les annexes) mais aussi dans d'autres chants de l'époque. Il fallait parfois un peu de temps pour que leur magie opère mais elle était sensée fonctionner à tous les coups si on était suffisamment expérimenté pour les utiliser

Les runes ont avant tout un pouvoir de protection des biens et des personnes. Elles protégeaient notamment les récoltes et les bétails des catastrophes. Elles étaient également gravées sur les tombes pour protéger les défunts ou sur les navires et les rames pour les guider à travers les brumes et pour les protéger des éclairs de Thor.

Elles peuvent aider à surmonter des difficultés ou à détourner des énergies négatives. On les disait capables d'émousser les lames des ennemis, de briser des chaines, de protéger durant les batailles, de rendre magiques des armes sur lesquelles elles étaient gravées. Elles figuraient régulièrement sur les armes et boucliers vikings et avaient le double but de les protéger et d'accroitre leurs capacités guerrières.

Les runes étaient également présentes dans l'architecture, notamment sur les façades des maisons. Elles n'étaient pas inscrites sur les murs mais intégrées directement à la charpente. Les planches qui les formaient étaient parfois peintes pour les différencier des autres planches et des fois, elles étaient semblables aux autres planches. Sur le schéma ci-dessous, j'ai intégré différentes runes dans toute la façade, je les ai colorées en noir, mais juste pour montrer les possibilités de positionnement des runes. La plupart du temps, il n'y avait pas plus de trois ou quatre runes sur la même façade.

Elles étaient également présentes sous la forme d'amulette qui représentaient un réceptacle de la magie runique attirant la chance, la prospérité, l'amour et même l'amour d'une personne en particulier, la fertilité, la protection des éléments (foudre...) et des maladies, la guérison... Certains talismans, les talismans de pouvoir, pouvaient aussi accroitre les capacités d'une personne dans le domaine qui l'intéresse. Ils étaient très puissants, utilisables sur ordre du propriétaire uniquement et rarement utilisés en dehors des guerres.

Certains guérisseurs runistes, en plus des talismans, utilisaient l'imposition des mains. Il était nécessaire que les runistes visualisent la rune agir pendant l'imposition. Ils utilisaient aussi parfois des aliments ou de l'eau dont le taux vibratoire avait été élevé en traçant la rune adéquate dessus.

Dans certains cas, les runes favorisent la croissance des plantes, des arbres et de tout ce qui pousse. Pour cela, il suffit de graver la rune correspondant à la plante sur une feuille, de la graver sur une pierre ou un sur un morceau de bois laissé à côté de la plante ou bien tout simplement d'avoir la rune sur soi pendant les heures de jardinage.

Certains praticiens expérimentés parviennent, ou du moins, prétendent parvenir, à utiliser les runes pour créer des animaux éthériques par une sorte de projection d'énergie via le champ de force psychique d'une personne. Il s'agit de la projection des animaux-totems des dieux auxquels se réfèrent les runes. Cet « animal » est imprégné de l'énergie de celui qui l'a créé et du but de la mission. Souvent cet animal agit lors du sommeil de la personne visée ou si celle-ci effectue un voyage astral. Une fois que l'animal a rempli son rôle, il faut réabsorber ce qui lui reste d'énergie, l'assimiler et le bannir.

Beaucoup considèrent que chaque rune est habitée par un esprit élémentaire que le runiste doit pouvoir contrôler pour pouvoir faire de la magie, faute de quoi, il pourrait libérer certains de ces esprits et les lâcher involontairement sur qui s'approchait. Le malheureux finirait possédé et deviendrait vite incontrôlable.

On peut utiliser les runes en les combinant avec des bougies, ou alors avec des huiles essentielles pour accroitre leur efficacité. Pour connaître les correspondances des runes avec les huiles essentielles, je suggère de lire le livre de Nigel Pennick, « *Runes et magie* ». Dans son livre, Pennick explique aussi comment créer un espace de protection magique afin de réaliser de la magie runique en toute sécurité. Je conseille d'utiliser cette protection pour toute forme de magie runique, même la plus élémentaire comme l'inscription runique. J'invite également le runiste à utiliser son rituel, pour créer des talismans efficaces. Je conseille aussi de lire le livre d'Edred Thorsson « *Futhark, manuel de Magie Runique* » qui contient plus de rituels de magie runique.

III 3) Inscriptions runiques

Les runes peuvent être utilisées seules ou via une suite de runes ou encore via des runes liées. Sans rituel particulier, elles n'ont pas de pouvoir et servent à clarifier son esprit quand on les regarde, à se souvenir de ses objectifs ou à créer une aura de confiance pour aider à obtenir ce que l'on veut vraiment.

Les inscriptions comptent de 1 à 7 runes, parfois les runes sont « liées » dans le sens où on superpose plusieurs runes pour en créer une nouvelle (qui doit être différente des runes existantes) afin de cumuler les atouts des runes. Cependant, la plupart du temps, les runes sont simplement inscrites dans un certain ordre, c'est leur combinaison qui donne un certain pouvoir à l'inscription. Parfois, c'est le son obtenu par l'assemblage des runes, que ce soit par les initiales ou par l'emploi de plusieurs lettres qui permettent de créer ainsi un nouveau mot qui a plus d'importance que les runes elles-mêmes. Les runes liées sont rarement utilisées en divination car elles sont difficilement interprétables. Les runes liées peuvent être composées de runes inversées sans que pour autant, leur sens ne soit inversé. Personnellement, j'évite d'inverser les runes quand je les assemble, j'ai l'impression qu'elles ont plus de pouvoir à l'endroit que dans le mauvais sens. Le résultat d'une rune liée doit être équilibré mais pas forcément symétrique.

Certaines runes ne doivent pas être utilisées ensemble comme Is qui ne peut être utilisée avec Feoh, Ur ou Ehwaz car elles sont opposées. En effet, Is assure le maintien d'une situation alors que les trois autres provoquent au contraire son expansion. Il faut donc bien connaître leur signification et bien définir le but à atteindre pour réaliser une inscription correcte et cohérente.

Réfléchir au but recherché permet de choisir sa rune en conséquence. Eventuellement, le runiste peut utiliser un pendule, ou tout autre outil de radiesthésie qu'il maitrise, pour choisir son ou ses runes qui doivent délivrer un message d'un point de vue divinatoire identique à celui qu'il veut obtenir en magie. Si le but est d'obtenir la guérison et de gagner à une loterie, deux inscriptions séparées sont nécessaires. Chaque inscription doit correspondre à un but bien précis, à un domaine en particulier. Si le but est en plusieurs étapes, par exemple, trouver un partenaire, se marier et faire un enfant, les trois peuvent être faits en une seule fois car il s'agit d'une évolution de situation, mais il serait préférable de faire plusieurs inscriptions, une permettant de trouver sa moitié et une plus tard permettant d'avoir des enfants. Il ne faut jamais demander l'amour d'une personne en particulier, il s'agirait alors de forcer son esprit et donc, pour moi en tout cas, je considèrerais cela comme de la magie noire. Il y a une grande différence entre demander à rencontrer le Grand Amour et forcer quelqu'un à aimer une personne (amour qui ne serait que fictif et perdrait son efficacité avec la destruction du talisman). Il ne faut jamais demander non plus à coucher avec telle ou telle personne, ce serait aussi de la magie noire et en plus, cela s'apparenterait à du viol. Il y a une différence entre raviver le désir et forcer quelqu'un qui n'en a jamais éprouvé. Le souhait doit être important. Plutôt que de demander aux runes d'avoir un 20/20 au prochain test, il vaut mieux travailler son examen, cela sera bien plus utile sur le long terme. A la place, il est possible de demander que son travail porte ses fruits et permette d'obtenir les notes réellement méritées pour réussir son année. Il faut aussi éviter de demander des choses comme de gagner des peluches à la fête foraine, ce genre de vœu futile risque plus de braquer les runes contre le consultant qu'autre chose. Il est conseillé de faire des essais sur papier et de s'assurer que d'autres runes contradictoires n'apparaissent pas dans la rune liée. Cependant, si cela arrive et que la rune est cohérente avec le reste de la rune liée, il n'est pas nécessaire de modifier la rune nouvellement créée.

Il faut choisir son support, au besoin faire un rituel en conséquence et inscrire sa rune sur son support. Pour qu'elles aient un pouvoir, les runes doivent être imprégnées de l'énergie du runiste, de son pouvoir et de son intention, et donc, il est nécessaire de les réaliser soi-même. Nul besoin de faire tout un jeu, il suffit de réaliser seulement celles nécessaires en gardant bien à l'esprit la signification de la rune et le but à accomplir. Quand le talisman est réalisé, l'imaginer entouré d'une bulle de lumière le protègera des influences extérieures et lui permettra de conserver ses fonctions. Il est possible également d'accroitre ses pouvoirs en utilisant les 4 éléments pour activer son pouvoir : faire passer le talisman au-dessus de la fumée d'un encens, puis d'une bougie, mettre le talisman sur de la terre quelques secondes puis l'asperger d'eau. Si, après l'avoir porté, le propriétaire souhaite le prêter à quelqu'un, il faut l'activer à nouveau à l'aide des éléments. Cependant, je conseille plutôt d'en réaliser un nouveau.

Pour que les talismans, appelés *taufr* en vieux norrois, aient un pouvoir, il faut également les « baptiser ». Il est possible d'utiliser la première lettre de chaque rune qui le compose ou alors d'utiliser plusieurs lettres selon la prononciation pour créer un nom et le lui attribuer. Ce nom magique permettra d'activer à volonté le pouvoir magique du talisman.

Les runes étaient souvent gravées sur du bois mais également sur des pierres, notamment des pierres naturelles correspondant aux runes ou au but recherché. Du fait de la fragilité de la plupart des supports sur lesquels elles étaient marquées, il reste peu de traces de ces inscriptions. Elles étaient souvent gravées de nuit pour accroitre leur puissance magique avec un outil non en fer car le fer est sensé faire fuir les esprits élémentaires liés aux runes. Les inscriptions runiques peuvent être réalisées sur du bois, de l'écorce, du tissu, du beau papier, des feuilles pressées et séchées et elles peuvent être gravées, peintes ou dessinées dans le cas de rituels un peu plus compliqués ou bien de fabrication de talismans. Dans certains cas, il est possible de les dessiner sur le corps pendant un massage avec l'huile de massage, les tatouer sur un corps avec de l'encre adéquate, je conseille des encres à tatouer temporaires et non un tatouage définitif. Cependant, si le tatoueur n'est pas un runiste confirmé, il risque de transmettre une mauvaise énergie lors du tatouage, il vaut mieux donc éviter les tatouages définitifs. On peut aussi les « graver » sur des aliments avec un simple couteau ou alors sur l'eau avec le doigt pour les charger d'une certaine énergie avant de les avaler. Les graver sur une chandelle permet également de faire un vœu alors que les marquer dans les airs avec le doigt permet d'invoquer des dieux ou de se protéger. Si une maison doit être protégée, la rune peut être gravée sur une poutre. Pour réussir un examen, il faut l'inscrire plutôt sur une petite feuille à conserver sur soi. Pour une guérison, je conseille de la graver sur une perle en bois qui pourra orner un bracelet, un élastique pour cheveux ou un médaillon, de manière à l'avoir sur soi en permanence, ou alors, il est possible de faire un tatouage (je maintiens, les tatouages temporaires, si le consultant ne fait pas d'allergie, sont très bien).

L'inscription doit rester sur soi si elle a un but « personnel ». S'il s'agit de protéger sa maison ou sa voiture par exemple, il faut la laisser dans la maison ou dans la voiture.

Certaines des inscriptions qui vont suivre sont des inscriptions connues, d'autres sont de mon cru (notamment la plupart des runes liées). Je décompose souvent une rune liée pour mieux expliquer comment elle a été créée. Pour moi, les deux types d'inscriptions, runes liées et runes en groupe, sont équivalentes, les runes liées sont simplement plus facilement écrites sur un petit support et le fait de lui donner un nom renforce bien souvent les pouvoirs de la rune liée. Cependant, les runes liées peuvent avoir un double sens car elles peuvent parfois représenter d'autres runes sans rapport avec le but recherché. Les inscriptions doivent être faites pour le bon droit, pour le bonheur et non pour apporter le malheur aux autres, le triple choc pourrait être particulièrement violent. Cependant, je mets quelques inscriptions contre les ennemis, non pour que le lecteur de cet ouvrage fasse le mal, mais pour qu'il puisse se protéger s'il les trouve dirigées contre lui, ou pour mettre un terme à des alliances malfaisantes tournées contre soi.

III 31) Inscriptions pour l'Amour

Rencontre amoureuse sérieuse

Geofu nous apprend que des âmes sœurs sont destinées à se rencontrer, une union est à portée
Beorc attire la fécondité, une relation qui porte ses fruits
Ger annonce un mariage
Lagu annonce une passion sexuelle ou relation durable et heureuse qui engendre beaucoup d'enfants
Wynn renforce les solutions heureuses

Des âmes sœurs vont enfin se rencontrer, la relation va être très chaude mais aussi heureuse. Il y aura mariage (pacs, ou simple union non officielle mais sérieuse selon les caractères des personnes concernées) et enfants, et le tout est encore renforcé sur la durée.

Raviver le désir amoureux

Dessinée sur une amulette, Ing ravivera le désir amoureux d'un couple.

Naissance d'une relation amoureuse

Geofu nous apprend que des âmes sœurs sont destinées à se rencontrer, une union est à portée
Wynn représente la joie et l'harmonie
Lagu annonce une passion sexuelle ou relation durable et heureuse qui engendre beaucoup d'enfants
Eolh protège l'amour et les relations

Ce talisman fait naitre une relation amoureuse qui évoluera.

Eloigner les crises d'un couple

Hagall inversé éloigne les crises dans une relation
Ur permet de faire durer une relation

En éloignant les crises et en faisant durer une relation, cette inscription permet de protéger un mariage (pacs, ou même une simple relation officielle) et de le faire durer.

Cette inscription peut s'inverser et provoquera une rupture d'une relation ou un divorce.

Protection et rencontre d'un nouvel amour

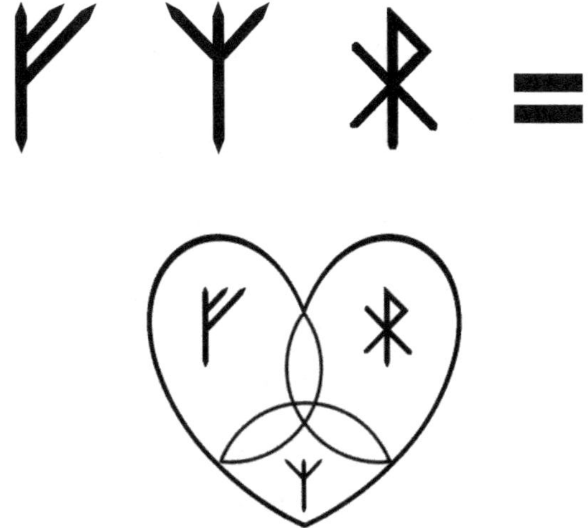

Feoh est la rune de tous les commencements et des conquêtes romantiques
Eolh protège les relations
Rune liée précédente faisant naitre une relation
Triqueta est un symbole de protection contre les ténèbres

La triqueta est un symbole d'origine celte qui était utilisée en décoration et pour la protection. Récemment on l'a vue combinée avec un cœur par décoration et pour symboliser la protection des amours. En joignant ces symboles aux runes, on obtient ainsi un talisman attirant et protégeant les amours naissants. Si le talisman est gravé sur un objet en relief (bois…), je suggère de rajouter un tout petit bout d'aimant au dos du talisman pour attirer plus facilement l'amour.

III 32) Inscriptions pour l'Abondance, la chance et le Bonheur

Croissance et pérennité des biens

Daeg représente la croissance,
Feoh apporte la richesse,
Is assure la permanence des gains

Cela signifie que les runes vont faire croitre la richesse du propriétaire du talisman et garantir la pérennité de ses biens.

Arrivée de richesses

Ger annonce un juste retour des choses, le commencement d'un nouveau cycle et l'arrivée de bonnes nouvelles
Feoh apporte l'abondance
Wynn apporte la santé, la richesse et le bonheur et accroit le côté positif des autres runes

Cette inscription indique l'arrivée de richesses et d'abondance dans tous les domaines permettant ainsi une vie épanouissante et joyeuse grâce aux actions passées.

Réussite dans la vie

Tyr apporte la victoire
Geofu apporte l'équilibre et la réussite
Wynn apporte la santé et la réussite

Cette inscription permet d'apporter la réussite dans sa vie.

Changements positifs, libération d'un problème

Ansur est la messagère des dieux annonçant des changements
Feoh représente l'abondance
Ing représente à la fois l'arrêt d'une situation et sa mutation

Cette inscription apporte des changements positifs qui mettent un terme à une situation problématique. Elle est supposée libérer d'un problème qui entrave la progression d'une personne.

Bonne fortune

Eoh est la rune de la résurrection, du nouveau départ après des difficultés
Wynn apporte la bonne fortune dans tous les domaines
Ing exprime un sentiment de plénitude après la réussite d'une entreprise

Cette inscription apporte la bonne fortune après une période de difficulté ainsi que la plénitude. Il est possible d'ajouter Is pour assurer la durabilité de ce bonheur.

Atteindre le bonheur

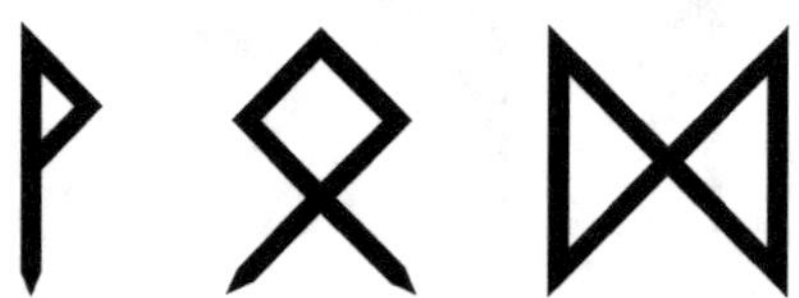

Wynn apporte la santé, la richesse et le bonheur et accroit le côté positif des autres runes
Othel apporte l'espoir et permet d'invoquer Odin pour faire agir la magie dans ce monde
Daeg apporte la clarté, la sérénité et une fin positive

Les premières lettres de cette inscription forment le mot « wod » qui signifie « inspiration divine », elle permet de transformer une mauvaise situation en joie.

Chance aux jeux

Peorth est la rune de la chance aux jeux
Feoh apporte l'abondance
Wynn apporte la réussite

Cette inscription permet d'obtenir la chance aux jeux.

Changements positifs, protection d'un travail

Ansur est la messagère des dieux annonçant des changements
Lagu annonce de grands changements qui arrivent en masse et met en garde contre des dangers
Ur annonce des changements positifs soudains

Si on prend les premières lettres de chaque rune, on obtient le mot « alu », qui ressemble à « ale » (le mot germanique pour bière, faisant référence à la boisson des dieux). Cette inscription est sensée apporter des changements positifs, une protection lors d'un travail. Elle facilite également la pratique magique en protégeant celui qui fait appel à elle et en lui permettant d'accéder à la connaissance divine. Cette inscription daterait au moins de l'an 400 et a été retrouvée dans un tumulus en Norvège.

III 33) Inscriptions de Protection

Protection

Eolh est le symbole suprême de protection, on peut le graver sur un athamé ou sur n'importe quel support utilisé fréquemment que ce soit pour des rituels ou dans la vie de tous les jours.

Protection des relations entre humains

Mann rappelle que l'aide est à portée de main
Thorn assure la protection
Eolh protège les relations existantes, le corps et l'esprit

Les runes attirent à soi l'aide dont on a besoin pour assurer sa protection et cette protection est renforcée par la dernière rune. Il est possible d'ajouter Is pour assurer la permanence de cette protection. Dans la rune liée que j'ai créée, j'ai volontairement laissé dépasser Eolh de Mann pour qu'on ne confonde pas Eoh avec Is qui aurait un sens différent sans la présence d'Eoh.

Protection des déplacements

Rad est la rune des voyages
Thorn protège des imprévus, des mauvaises décisions en incitant à la prudence et à la vigilance.

Cette rune liée protège les biens et les personnes durant les déplacements quotidiens et les voyages. Il est possible de la graver sur un médaillon de bois ou un petit caillou à porter sur soi, dans ses bagages ou dans le véhicule.

Il est possible d'utiliser une autre combinaison de runes pour le même effet : Rad et Eolh qui procure une protection de tous les instants.

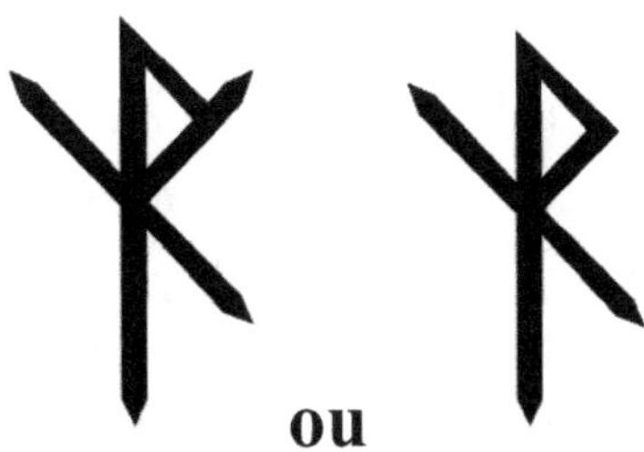

Protection du foyer ou du véhicule

Eolh est le symbole de protection suprême
Othel exprime la notion de propriété, de biens, de famille
Is représente l'arrêt des attaques

Cette rune liée permet la protection du foyer ou d'un véhicule, elle peut être gravée sur un morceau de bois qui peut être fixé au-dessus de la porte d'entrée ou alors suspendu au rétroviseur de la voiture.

Protection d'une attaque / contre les flèches

Rad est la rune du déplacement de personnes et d'objets
Is est la rune de l'immobilité
Ken représente le fait de retrouver son énergie

Cette inscription est supposée immobiliser le déplacement d'un objet en le privant de sa force. Elle était utilisée pour arrêter les flèches en plein vol, pour immobiliser une attaque.

Protection contre des agresseurs

Thorn inversé affaiblit l'ennemi
Hagall perturbe les attaques et renvoie les malédictions à leurs expéditeurs
Thorn protège des agressions

Cette inscription est supposée protéger des agresseurs si elle est portée sur soi. Elle protège notamment les femmes et attire sa malédiction sur les agresseurs.

Protection des biens

Othel parle de richesse gagnée au cours de sa vie ou d'héritage
Is assure la permanence des choses

Cette inscription ne permet pas d'accroitre ses biens mais elle permet de les protéger.

III 34) Inscriptions de Santé

Guérison et récupération

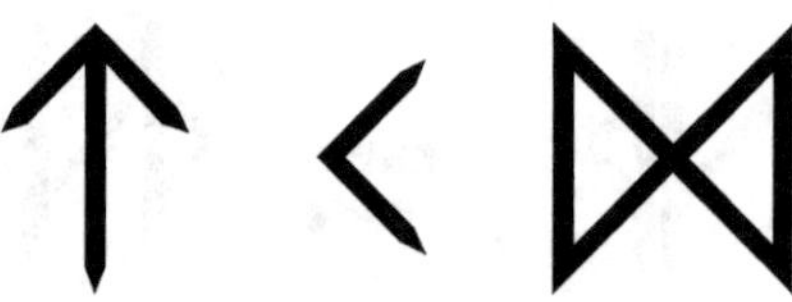

Tyr signale une personnalité forte et un tonus impressionnant
Ken apporte la récupération de forces
Daeg accroit la force vitale de l'individu, et entraine des changements positifs

Cette inscription assure la récupération de forces et une énergie accrue ainsi que des changements positifs qui peuvent être interprétés comme une guérison.

Guérison de maladie

Ur annonce un processus de récupération physique rapide
Ger permet d'accélérer les choses et représente la fin d'un cycle
Sigel dispense l'énergie du soleil et la victoire sur ses problèmes.

Cette inscription assure la guérison d'une maladie, elle permet de mettre un terme à un cycle de mauvaise santé, de récupérer ses forces rapidement.

Récupération rapide des forces

Ansur insuffle le souffle de vie
Sigel dispense l'énergie du soleil et la victoire sur ses problèmes.
Ken apporte la récupération de forces

Cette inscription permet de récupérer des forces après une attaque, de survivre aux coups.

Se défaire de mauvaises habitudes

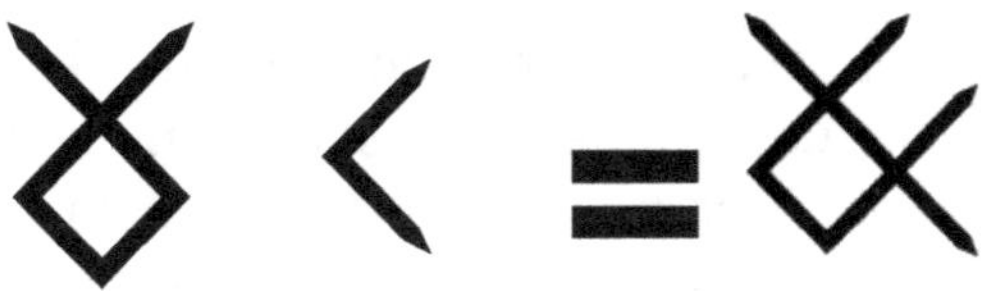

Othel est la rune des héritages mais aussi des mauvaises habitudes
Ken permet de repousser les énergies négatives et d'attirer les bonnes

Cette rune liée permet de faire perdre de mauvaises habitudes à une personne. Elle aide notamment à arrêter de fumer.

III 35) Inscriptions contre les ennemis

Utilisation de la puissance de la lance d'Odin

Geofu est la rune du don, de l'échange et du partenariat
Ansur insuffle le souffle de vie et permet d'obtenir les connaissances d'Odin
Rad est la rune du déplacement de personnes et d'objets

Les initiales de cette inscription donnent le son « gar » qui peut être interprété comme le nom de la lance d'Odin selon certaines traditions, ce qui permet d'amener la magie de sa lance à aider le porteur de cette inscription.

A la base, cette inscription signifie la venue d'un partenariat, le don des connaissances d'Odin, la puissance du souffle de vie dirigée pour aider le porteur. Le nom que porte cette inscription fait directement intervenir cette puissance. Et si Geofu est inscrite plus comme deux Ken l'un sur l'autre que comme une simple croix, elle lie les humains au divin. Il peut s'agir de diriger la puissance de la lance contre une armée ou simplement contre des ennemis.

« Lien de l'armée » pour désorienter ses adversaires

Thorn est une rune destructrice puissante tant sur le plan physique que psychologique
Is est la rune de l'immobilité
Nied empêche d'être constructif et signale des obstacles dans tous les domaines

Autrefois, cette inscription, dite « lien de l'armée », était très utilisée contre les soldats adverses pour les désorienter et permettre aux soldats de son camp de les tuer plus facilement. Elle était supposée désorienter les victimes et les rendre impuissantes.

Retourner les perturbations à l'envoyeur

Ger appelle un juste retour des choses
Rad est la rune du déplacement de personnes et d'objets
Hagall représente les perturbations

Cette rune permet de retourner des perturbations à celui qui les a envoyées. C'est en quelques sortes, une inscription pour activer et accélérer la loi du triple retour.

« Triple Is » pour anéantir la volonté et bloquer les attaques

Is est la rune de l'immobilité, du blocage, mais empêche aussi de reculer

La rune liée appelée « triple Is » est une ancienne rune qui permet d'anéantir la volonté de l'ennemi avant de pouvoir le battre. Is est une rune qui bloque et protège des attaques des ennemis.

« Triple Thurses » pour anéantir la volonté

Thorn est la rune dédiée à Thor et aux géants du givre, elle est à la fois protectrice et destructrice du corps et de l'esprit.

Il s'agit d'une rune connue, appelée « triple Thurses » (Thurse = autre nom de Thorn). Elle permet d'invoquer le pouvoir des géants et de Thor afin d'anéantir la volonté de l'ennemi, de l'affaiblir physiquement tout en étant protégé. Si on prend juste les trois grands axes, cette rune ressemble à Eolh inversée, ce qui accentue la défaite des protections des ennemis.

Retard, blocage d'une armée

Hagall représente les perturbations,
Is est la rune de l'immobilité
Nied empêche d'être constructif et signale des obstacles dans tous les domaines

Cette inscription permet de provoquer un retard, d'empêcher la poursuite des événements. Elle permet ainsi de bloquer l'avancée d'une armée.

Immobilisation, destruction des ennemis

Nied empêche d'être constructif et signale des obstacles dans tous les domaines
Is est la rune de l'immobilité
Lagu annonce une vague de changements qui va déferler sur soi

Cette inscription empêche la construction, empêche tout mouvement, et explique que le consultant va être immobile au moment des grands changements, qu'il va tout se prendre en pleine tête sans pouvoir esquiver. En somme, elle apporte la destruction totale de quelque chose ou de quelqu'un.

Force et changements tournés contre les ennemis

Ur annonce un processus de récupération physique rapide
Lagu annonce une vague de changements qui va déferler sur soi
Feoh apporte l'abondance

Il s'agit d'une inscription ancienne. En prenant l'initiale de chaque rune, on obtient le son « ulf », signifiant « loup ». Ainsi, par ces runes, on peut obtenir l'aide du pouvoir agressif du loup, de sa force. Cette inscription permet à la base d'obtenir une force abondante rapidement et de connaître des changements. Le fait que les initiales expriment un son signifiant « loup », indique que les changements qui vont déferler sont dirigés contre un ennemi.

Malédiction

Nied empêche d'être constructif et signale des obstacles dans tous les domaines

Inscrite sur un bâton runique, Nied à elle seule permettait de jeter une malédiction sur ses ennemis. Dans le livre de Nigel Pennick, « Runes et Magie », on peut trouver une description du bâton de Nied qui jette une malédiction sur ses ennemis. Ce bâton absorbe l'énergie de Hel pour la diriger contre les ennemis et dérangeait et irritait les esprits de la terre.

Dissoudre une alliance ennemie

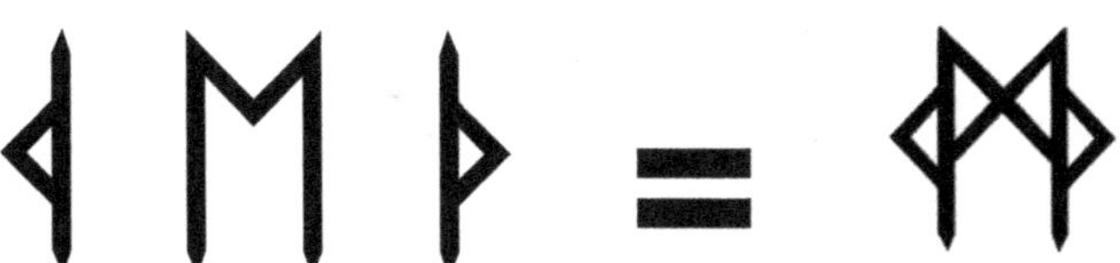

Thorn inversée indique que la personne est sur le mauvais chemin,
qu'elle subit des blocages d'énergie
Ehwaz indique un groupe de personnes alliées
Thorn est une rune destructrice puissante tant sur le plan physique
que psychologique

Là, on indique qu'un groupe de personnes alliées vont emprunter le mauvais chemin, être perturbées psychologiquement et physiquement et s'opposer. Cette inscription permet de dissoudre une alliance tournée contre soi si cette alliance a pour but de nuire alors que la personne est dans son bon droit.

Puissance, protection maternelle, et force destructrice

Beorc annonce la venue d'une femme dans sa vie et parle du côté nourricier des mères
Ansur insuffle le souffle de vie
Rad est la rune du déplacement de personnes et d'objets

Si on prend les initiales de chaque rune qui compose cette inscription, on obtient le son « bar » qui signifie « ours ». Cette inscription apporte la puissance, l'aspect nourricier et protecteur de la femelle ourse. A la base, cette inscription apporte un aspect nourricier d'une mère, la puissance du souffle de vie et la capacité de se déplacer. Le fait que les initiales signifient « ours » indique le déplacement, la transformation de ce souffle d'énergie en puissance potentiellement mortelle.

III 4) Annulation

Une fois que l'inscription a porté ses fruits, normalement, il faut la détruire.

Dans le cas où il s'agit de protéger sa maison ou sa voiture, elle peut être laissée jusqu'à ce qu'elle se dégrade d'elle-même, cela signifiera qu'il faut renouveler l'inscription pour que le bien continue à être protégé.

S'il s'agit d'accroitre des récoltes, le mieux est de mettre l'inscription dans le champ, voire directement sur certaines plantes (pas sur tous les plants d'un champ, ce serait un travail de romain inutile, mais sur une ou deux plantes), elle disparaitra toute seule avec la croissance des plantes.

Il arrive que l'objet sur lequel la rune est gravée se casse, cela signifie qu'il a accompli sa tache et qu'il faut en réaliser un autre si on veut qu'une nouvelle inscription runique poursuive sa tâche. Par exemple, si une personne a freiné fort en voiture et que son inscription se casse, elle peut se dire qu'elle l'a vraiment échappé belle parce que plutôt que de laisser la personne avoir un accident, l'inscription a libéré sa force pour la protéger.

Dans le cas où l'inscription ne se dégraderait pas par elle-même, si elle est inscrite sur du papier (parchemin, papier imprimante, papier dessin…), le papier doit être brûlé (prendre ses précautions, ce n'est pas parce qu'il s'agirait d'un charme de protection qu'on ne peut pas provoquer un incendie en le brûlant !). Si elle est inscrite sur des matériaux plus durables comme du bois ou du métal, il faut l'entourer d'un linge propre et l'enterrer, juste après la nouvelle lune, pour qu'elle décharge ses énergies dans la terre qui dissoudra ces mêmes énergies. Il est conseillé ensuite de réciter une petite prière de remerciement aux runes pour le travail qu'elles ont accompli.

Ce système marche aussi si une inscription doit être annulée parce qu'il y a une erreur, qu'elle ne produit pas l'effet escompté ou si on estime que la personne visée en a suffisamment profité / été victime (en cas de pratique de la magie noire). Il existe d'autres rituels d'annulation que vous pouvez trouver dans quelques rares livres (*« 101 jours pour apprendre la magie des runes »* …).

IV En savoir plus sur les runes

IV 1) Histoire des Runes

IV 11) Origines historiques

Le terme « rune » provient sûrement de l'irlandais « rún » qui signifie « secret », ou de langues anciennes du nord qui pourrait signifier soit « secret » soit « murmure ». Cela vient probablement du fait qu'avant d'être des inscriptions, les runes étaient une série de sons en rapport avec les forces naturelles. C'est pourquoi les runes sont plus reliées à un son qu'à une lettre de l'alphabet. On ne peut pas vraiment savoir comment étaient utilisées ces runes orales, mais il est vraisemblable qu'elles étaient utilisées pour la magie et le fait de les utiliser pour un tel usage les a investies de plus de pouvoirs. Les sons finirent par être transcrits sûrement pour être plus facilement transmissibles.

Les runes « écrites » sont à l'origine un système d'écriture, proche du nôtre, du nord de l'Europe (peuples scandinaves et germaniques) qui servait surtout pour le commerce, la divination ou la magie et peu pour les œuvres littéraires.

L'origine des runes est encore sujette à controverse, mais on trouve les premiers pictogrammes de type runique dès le II° millénaire avant JC dans une grotte de Suède, et donc, ce système ne serait pas d'origine celtique. On retrouve beaucoup de runes gravées sur des pierres levées ou des stèles funéraires ici ou là dans les pays nordiques. En Italie du Nord, l'écriture des étrusques a beaucoup de points communs avec l'écriture runique, ce qui semble bizarre compte tenu de la distance entre les pays du Nord et l'Italie... La plupart des universitaires s'accordent à dire que l'écriture runique provient soit de l'écriture étrusque, soit de la grecque ou encore de l'écriture latine à cause de la ressemblance entre certaines lettres des divers alphabets. Mais d'autres spécialistes, comme Jean-Yves GUILLAUME (« *Les runes et le secret initiatique* »), laissent entendre que ce serait peut-être l'inverse, que l'écriture runique serait à l'origine de l'écriture grecque et étrusque. Je n'ai pas assez étudié l'histoire des runes pour avoir un avis très tranché sur la question.

L'écriture runique disparut assez rapidement d'Allemagne mais persista plus longtemps dans les pays scandinaves et en Islande. Cependant, la conversion de ces pays au christianisme provoqua la chute de son utilisation à cause des prêtres qui voulaient s'assurer que les nouveaux convertis ne reviendraient pas en arrière. Pour cela, ils s'attelèrent à effacer le culte d'Odin et des autres Ases. Mais comme à chaque fois que le christianisme convertit un peuple, il ne peut effacer toutes ses croyances et les légendes se retrouvent assimilées par le christianisme qui les imprègne de valeurs chrétiennes. En 1639, l'Eglise interdit l'usage des runes ce qui entraina le déclin des runes mais pas son extinction.

Il existe de nombreux alphabets runiques qui ont évolué au cours des siècles et qui avaient parfois des usages différents. L'ogham est parfois considéré comme des runes de par ses origines et de par ses ressemblances mais il n'était utilisé à l'origine que pour la magie et la divination puis il ne fut plus utilisé que sur les tombes. Le Futhark ancien, datant du III° siècle, est à l'origine de plusieurs autres. Son nom est issu des initiales (ou plutôt des sons) des premières runes (Feoh, Ur, Thorn, Ansur, Rad, Ken) et il se compose de 24 runes. De nos jours, on lui a ajouté une vingt-cinquième rune qui fait de ce jeu, le Futhark moderne. Les runes scandinaves furent utilisées entre 600 et 800 et le futhark ne comprenait alors que 16 runes. D'autres futhark, comme celui anglo-saxon, comprennent entre 28 et 33 runes. Parfois, les noms diffèrent, Feoh devient Fehu, Lagu Laguz, Beorc Berkana…

IV 12) Origines mythologiques

Odin, le dieu des dieux chez les nordiques, est celui qui a découvert les secrets des runes. On raconte qu'Odin voulait obtenir des connaissances auxquelles les dieux n'avaient jusque là pas accès.

Odin médita longtemps sous l'arbre d'Yggdrasill (l'arbre du monde) puis il demanda l'aide des Nornes, les divinités qui tissent le fil de la destinée. Odin accepta les sacrifices qu'elles exigeaient. Comme il ne voyait toujours rien en se penchant sur la source de Mimir (située sous les racines d'Yggdrasill) qui recèle la sagesse et l'intelligence, il sacrifia son œil droit qu'il laissa tomber dans l'eau. Alors, il eut accès à la connaissance qu'il désirait. Il se perça le flanc de sa lance et les autres dieux le pendirent tête en bas à une branche d'Yggdrasill. Il y resta pendu 9 jours et 9 nuits sans boire ni manger avec pour seule compagnie ses 2 corbeaux, Hugin et Munin, et ses 2 loups, Freki et Geri. A la fin de la neuvième nuit, il perça le secret des runes. Il ne survécut cependant pas à la douleur mais sa volonté le fit renaitre.

Il enseigna plus tard qu'il fallait utiliser les runes dans tous les domaines de la vie car elles sont un guide et une aide.

Certains autres dieux sont à l'origine de certaines runes : Thor (fils d'Odin), Tyr, Frigga…

IV 13) De nos jours

Au XVII° siècle, l'engouement pour la civilisation celtique a fait que les runes ont souvent été associées aux Celtes de par leur proximité géographique et historique. Bien que maintenant la plupart considèrent que les celtes n'ont que très peu à voir avec les runes, cet engouement a au moins permis de remettre au gout du jour les runes comme méthode de divination. De plus, un occultiste autrichien, Guido Von List, fin XIX° début XX° siècle, créa un nouveau système de 18 runes particulièrement apprécié par les allemands et notamment les nazis.

Bien que certains éléments de l'alphabet runique subsistent dans les langues scandinaves, il n'est plus utilisé que comme instrument de divination voire comme moyen d'inscriptions magiques, pour protéger les maisons, les commerces ou les transactions. Parfois, les runes sont marquées sur des bracelets dans un but décoratif ou pour porter bonheur. On peut également trouver plusieurs polices d'écritures basées sur les runes (Elder Futhark, Germanic runes…).

IV 2) Création et entretien

IV 21) Acheter ou faire ses propres runes ?

La plupart des runistes disent que pour tirer correctement les runes, il faut réaliser son propre jeu soi-même, et c'est vrai ! En agissant ainsi, le runiste le remplira de son énergie et il le servira mieux qu'un jeu acheté même en magasin spécialisé.

Mais nous ne sommes pas tous des manuels, et fabriquer soi-même son propre jeu de runes ne prend certes pas beaucoup d'argent en règle générale, mais prend beaucoup de temps. Et si le (futur) runiste ne sait pas s'il veut poursuivre dans ce domaine, c'est une perte de temps qui peut le décourager avant même d'avoir essayé. Je conseille donc d'acheter un premier jeu de runes, de le consacrer, et de s'entrainer avec avant d'essayer de s'en faire un plus approprié. Le jeu choisi alors doit plaire au runiste, il doit s'agir d'un jeu qui soit dans les moyens du runiste et qu'il gardera par la suite pour ses essais. Il pourra par exemple s'en servir pour déterminer les runes à utiliser dans une inscription… ou simplement s'en servir pour « réviser » ses fiches !

Eventuellement, il est possible d'imprimer / photocopier la page avec toutes les runes sur du papier épais et de s'en servir pour s'entrainer. Si c'est pour un premier jeu, j'entends par là un jeu qui serve plus à apprendre la signification des runes qu'à vraiment les tirer, il est possible de l'imprimer en 3D ou de le réaliser en résine. Cependant, ce ne sont pas des jeux qui auront une réelle efficacité en divination ou en magie à cause du matériau choisi pour leur fabrication.

Les radiesthésistes peuvent éventuellement remplacer leur jeu de runes par un cadran de radiesthésie et utiliser un pendule ou un mini lobe antenne pour déterminer quelles runes interpréter (j'en parlerai bientôt dans un prochain livre). Le cadran peut être acheté ou fait par soi-même, que ce soit à la main ou en utilisant un logiciel dédié.

J'ai également vu sur le net un jeu un peu spécial qui comprenait 3 dés à huit faces. Chaque dé représentait un aett et chaque face, une rune de l'aett en question. Je ne conseille pas d'utiliser ce genre de dés car cela implique qu'une rune de chaque aett soit tirée. Or, il n'est pas nécessaire d'avoir des runes des trois aetts dans un tirage. Si le fait d'utiliser un dé plait vraiment au runiste, il peut essayer de trouver un dé de 24 faces dans certains magasins de jeux et décider que chaque numéro équivaut à une rune (le 1 à Feoh, le 9 à Hagall, le 17 à Tyr…). Si vous affectez ces dés au tirage runique, il ne faudra plus s'en servir pour d'autres jeux. Ils devront être consacrés aux runes. Je développerai la kybomancie runique dans un prochain livre sur les runes.

Il est important également de savoir qu'il faut posséder ses propres runes pour les tirer. Il ne faut ni les emprunter, ni les prêter à plus forte raison si le runiste les a créées lui-même car en les fabriquant, le runiste y aura introduit son énergie, consciemment ou non, ce qui pourrait fausser le résultat si d'autres que lui les utilisaient. Cependant, si le runiste tire les runes pour quelqu'un et que la personne est présente, il peut la laisser tirer elle-même les runes pour qu'elles s'imprègnent provisoirement de son énergie mais il doit lui indiquer où les poser au fur et à mesure et ne pas la laisser s'en servir pour tirer les runes à une tierce personne.

IV 22) Faire ses propres runes

IV 221) Trouver le support

Les runes doivent être gravées ou peintes sur un support naturel le plus vivant possible : bois (qui s'imprègne particulièrement bien des énergies humaines et runiques), pierres (de simples cailloux trouvés dans des jardins, des galets de plage, des pierres de type aventurine, quartz, améthyste…), coquillages… L'ennui avec les pierres et les coquillages, c'est qu'il faut en trouver des identiques parce qu'il est presque impossible de les retailler sans les casser. Les coquillages ont en plus l'inconvénient d'être très fragiles. Les runes pourraient être peintes sur des feuilles d'arbres mais les feuilles sont éphémères. On peut également les faire en terre cuite, mais le support reste fragile. Il est possible de les faire sur du papier ou du carton, de préférence rouge ou blanc. Il est conseillé d'éviter de fabriquer des runes en plastique, en résine ou en matériaux de synthèse (comme avec les imprimantes 3D), car ces matériaux n'ont pas de résonnance dans le temps. Il est particulièrement déconseillé de les faire en métal, d'autant que c'est onéreux et difficile à couper, car ce n'est pas un matériau naturel, mais un matériau transformé. Eventuellement, on peut s'en servir pour faire un bijou de protection, mais je le déconseille aussi car le métal absorbe très bien d'autres énergies que celles qui lui sont destinées.

J'ai fait mon premier jeu de runes (page suivante) avec une planche de bois que j'ai sciée en 25 petits morceaux identiques et j'ai gravé puis pyrogravé les runes sur les morceaux.

Ce type de bois peut convenir dans la mesure où scier, graver et pyrograver (qui peut être une forme de purification par le « feu ») va permettre d'imprégner les runes de son énergie. Il est très pratique notamment pour ceux qui n'ont pas d'accès à des arbres qu'ils peuvent couper. Cependant, la matière la plus adéquate reste le bois « naturel », prélevé sur un arbre vivant car une branche ramassée par terre peut avoir été imprégnée de l'énergie négative de celui qui l'a coupée. En procédant à une petite cérémonie au moment de trouver et couper son bois, on imprègne davantage le bois de son énergie ce qui peut créer un lien. Autrefois d'après Tacite, seuls les arbres fruitiers étaient utilisés mais de nos jours, le runiste peut soit choisir l'arbre qui lui convient le mieux au ressenti, soit le choisir selon ce qu'il veut faire de ces runes : pommiers et poiriers pour les femmes devineresses, les noisetiers pour la divination et la sorcellerie, les saules pour la magie féminine sombre, les sorbiers des oiseleurs pour la guérison, les bouleaux pour la fertilité et pour la magie lunaire, les hommes préfèrent utiliser le frêne ou l'if pour les travaux destructeurs, surtout si l'if provient d'un cimetière, et pour la divination et la magie.

Pour trouver le bois idéal, une petite promenade en forêt ou dans son jardin s'il y a des arbres s'avère nécessaire. A toutes fins utiles, je rappelle qu'il est interdit de couper du bois n'importe où sans avoir obtenu la permission du propriétaire du bois en question. Donc, il faut faire les choses comme il se doit avant de couper quoi que ce soit. Un matin au lever du soleil, à midi ou au coucher du soleil, le runiste doit sortir se promener. Il peut flâner, laisser son instinct le guider. Eventuellement, il peut demander à un esprit de la nature de l'aider à le trouver (ne pas oublier de le remercier après coup, il pourrait s'en offusquer sinon) et quand il aura trouvé le bois qui lui plait le mieux, il lui suffira de le couper. On peut trouver l'arbre et le couper deux jours différents si nécessaire. La branche doit mesurer environ 30 à 50 cm de long et être d'un diamètre d'environ 2 à 5 cm.

Quand le runiste est prêt à couper une partie de l'arbre, qu'il fasse une prière à l'arbre pour le remercier de son « don » en mettant ses mains sur son tronc. Certains diront de faire une offrande avant de couper la branche, d'autres avant et après, d'autres juste après. Le runiste doit faire ce qui lui semble le mieux, le plus logique ou se laisser simplement guider par son intuition.

« Salut à toi (nom de la sorte d'arbre)!
Vieille dame, offre-moi un peu de ce bois
Et je t'offrirai un peu du mien,
Quand je deviendrai un arbre.
Dans cette branche, envoie ta puissance,
Que ton pouvoir agisse à travers elle
Pour le bien de tous.
Ka ! »

La branche doit être coupée de bas en haut, en un coup et elle ne doit pas toucher le sol au risque de perdre ses pouvoirs. Après la coupe, il faut remercier l'arbre par une nouvelle prière.

***« Vieille dame (nom de la sorte d'arbre)
Accepte mes remerciements
Pour le don de ta puissance dans cette branche
Que son pouvoir demeure toujours,
Œuvrant pour le bien de tous
Ka! »***

Ces prières, ainsi que celles des pages suivantes, sont des prières « classiques », que l'on retrouve sur le net ou dans la plupart des livres qui préconisent cette méthode de fabrication des runes. Cependant, on peut très bien faire ses propres prières en s'en inspirant.

Après la prière, il faut faire une offrande symbolique à cet arbre : une petite pièce de monnaie, un ruban rouge, une libation de bière blonde ou encore une bougie allumée (on doit alors patienter sur place pour éviter tout incendie). Certains diront de verser un peu de sel avant et / ou après la coupe du bois en guise d'offrande, moi, je le déconseille hormis si on ramasse des galets sur la plage ou à d'autres endroits où on trouve naturellement du sel. Pourquoi ? Parce que le sel est nocif pour la nature d'une manière générale. Certes, une petite pincée / poignée de sel ne détruira pas la nature, mais si elle est répétée par beaucoup de personnes, cette pincée / poignée pourrait bien nuire à la nature ce qui n'est pas le but prévu au départ.

Si le runiste ramasse une pierre, un coquillage… il est aussi nécessaire de déposer une offrande pour remercier l'esprit du « matériau » de l'avoir conduit à lui et de lui permettre de l'emporter pour son usage. S'il s'agit de galet de plage, le sel peut être offert comme offrande sans problème.

Après l'offrande, le bois peut être emporté à l'endroit où il va être transformé en runes.

IV 222) Fabrication des runes

Si le runiste ne fabrique pas son jeu le même jour qu'il récupère ce dont il a besoin pour le faire, il peut essayer de le réaliser soit aux solstices, soit aux équinoxes ou si possible en lune montante, qui sont des périodes propices à la magie.

Pendant la coupe et la gravure des runes, il faut garder des intentions positives si on veut que les runes continuent de s'imprégner de son énergie correctement, pour qu'elles soient reliées à son âme. Il sera peut-être nécessaire de faire une petite pause entre chaque rune pour pouvoir méditer afin de faciliter l'imprégnation. La vingt-cinquième rune est vierge, donc, une fois coupée, il n'y a plus rien à faire. Si on se blesse pendant la coupe ou la gravure, il faut noter la rune sur laquelle on s'est blessé et regarder son sens, il se pourrait qu'on ait à apprendre de cette rune. Si on ne peut pas réaliser son jeu à l'extérieur, il faut le faire néanmoins dans un endroit aéré et lumineux, le faire la fenêtre ouverte et à la lumière du soleil par exemple. Il faut éteindre son téléphone et toute source de distraction afin de ne pas être dérangé.

Si le runiste choisit une branche de bois, il faut débarrasser la branche des pousses et des feuilles, et préparer les morceaux à couper en tenant compte de l'épaisseur des runes, chaque rune devant avoir la même taille. S'il opte pour une planche de bois, il faut dessiner les contours des runes pour qu'elles soient égales. On peut soit couper toutes les runes à la suite et les inscrire à la suite également, ou on peut couper une rune, l'inscrire et passer à la suivante. Il faut juste les faire dans le même ordre que le futhark. Je suggère de couper deux ou trois runes supplémentaires pour pouvoir faire des « essais » : afin de connaître la profondeur de la gravure, la couleur à utiliser si tant est qu'il faille peindre / teindre et non pyrograver une rune, le vernis à employer ou non. Ces runes excédentaires seront à conserver séparément des autres ou à détruire. C'est au runiste de voir ce qu'il préfére.

Si un autre support a été choisi comme la pierre, il faut le nettoyer et passer directement au marquage des runes.

Les runes en bois sont souvent de formes rondes lorsqu'elles sont coupées directement dans des branches, mais pas nécessairement. Elles peuvent très bien être recoupées ensuite pour leur donner une forme carrée ou rectangulaire. Il faut éviter les formes moins traditionnelles, comme l'hexagone ou le triangle, qui sont certes originales mais pas forcément très pratiques à couper. Il n'y a pas de règles en la matière, c'est à chacun de décider quelle forme lui plait le plus mais il faut se rappeler qu'il y en a 25 à couper de la même manière. Certains jeux sont des billes de bois de 9 à 12mm de diamètre que l'on place dans un récipient de 12 cm de diamètre et 6 cm de haut à secouer avant de pouvoir les tirer. Si l'on souhaite faire un talisman avec une inscription et que l'on veut le faire d'une forme particulière, comme un cœur, un hexagone... Là, normalement, il n'y a pas de problème mais je conseille de le faire en rapport avec le but recherché : un cœur pour l'amour, un carré (représentant un dé) pour la chance aux jeux... Pour un jeu divinatoire, la seule règle à observer, c'est que toutes les runes doivent être au maximum identiques et doivent plaire au runiste une fois le travail achevé. Pour la taille des runes, cela dépend de la branche / du bois possédé(e). Lorsqu'il s'agit de les couper dans une branche, elles ont en général un diamètre de 2 à 5 cm et font environ 0,5 cm à 1 cm d'épaisseur selon son ressenti, le résultat souhaité ou bien selon la rigidité du bois. Elles ne sont pas forcément très grandes et doivent pouvoir tenir dans la main. Les miennes font 2x3 cm par 0,7 cm d'épaisseur, ce qui est à mon avis une taille idéale, ni trop grandes, ni trop petites.

Il n'est pas obligatoire de graver une rune mais la graver en facilite le marquage. Les runes peuvent être gravées avec un graveur électrique ou avec un simple cutter s'il s'agit d'un support en bois. On peut les graver aussi profondément qu'on le veut mais il faut faire attention à ne pas graver trop profondément non plus, cela pourrait endommager la rune. Pour ce qui est de l'épaisseur et de la taille des marques, cela dépend surtout du résultat désiré. Il faut se fier à son ressenti. L'essentiel est que les runes soient toutes à la même échelle pour que les runes aient toutes la même puissance de base. Il vaut mieux choisir des runes un peu plus grandes pour pouvoir marquer intégralement le jeu de la même manière, plutôt que de diminuer quelques inscriptions pour qu'elles « rentrent » dans la rune.

En ce qui me concerne, pour faire ressortir les inscriptions, j'ai pyrogravé les runes par-dessus la gravure.

Si le runiste préfère peindre ses runes, il est préférable de teindre en rouge le sillon, avec de l'encre de chine par exemple. Cependant, d'autres couleurs sont possibles (le noir est à éviter car il sert plutôt à maudire ou tuer) et d'autres types de teintures également. Certains utilisent même leur sang pour cela, comme à l'époque celtique mais je le déconseille car même si les runes seraient encore plus imprégnées de son énergie par son sang que par l'encre, elles seraient aussi imprégnées par sa douleur ce qui ne serait pas positif, sans parler le manque d'hygiène et les problèmes de santé qui peuvent en découler. Si on considère que l'encre représente son sang, l'effet sera le même que si on utilise son sang. Il est possible d'utiliser aussi le pigment de la garance, l'alizarine, pour tracer ses runes.

Ensuite, il est nécessaire de consacrer sa teinture quelle qu'elle soit grâce à cette simple formule :

« Lagu, Lagu, Lagu !
Bénis cette encre/teinture
Avec le pouvoir des dieux
Donne la force à mes runes
Ka ! »

En ce qui me concerne, j'ai également ajouté un petit signe (un simple trait au crayon) sur chaque rune pour déterminer facilement si la rune est à l'endroit ou non. Lorsqu'une rune sensée ne pas avoir de sens apparaît à l'envers, cela me permet d'atténuer sa signification.

Il est possible de fabriquer plusieurs types de jeux pour divers tirages (hommes / femmes, amour / Argent / travail…). Mais il est préférable d'en avoir un « préféré » et de l'utiliser plus régulièrement que les autres.

IV 223) Consécration des runes

Quand le jeu de runes est prêt, il est nécessaire de le consacrer pour finir d'activer ses capacités divinatoires. Il est conseillé d'effectuer ce rituel au grand air, dans une forêt ou un parc. Il faut au moins essayer d'être dans un endroit calme, aéré et ensoleillé, un balcon peut convenir comme une pièce dont la fenêtre serait ouverte en cas d'impossibilité d'aller à l'extérieur.

Il faut disposer une bougie, de l'encens, du sel, une poignée de terre et de l'eau en cercle, placer ses runes au centre, utiliser les éléments et réciter cette formule :

« Par le pouvoir d'ERDA, KARI, RIND, HLER et LOGE.
Bénissez ces runes et éloignez le mal.
Moi [votre nom]
J'ai créé ces runes pour le bien de tous
Pour respecter les préceptes des anciens
Et pour acquérir la Connaissance
Insufflez leur la vie
Pour que par leur intermédiaire
Vos messages me parviennent.
Ka! »

La première ligne demande l'assistance des divinités des éléments (Erda = eau, Kari = air, Rind =terre, Hler = mer et Loge = feu) et le « Ka » qui termine chaque incantation est simplement l'équivalent du « ainsi soit-il ! ».

Pour utiliser les éléments, le runiste doit réciter la formule et au moment où il évoque chaque élément, il doit les utiliser pour bénir les runes en aspergeant de quelques gouttes d'eau les runes, en faisant des fumigations sur les runes avec l'encens, en les saupoudrant de quelques pincées de terre, ensuite en les saupoudrant de quelques pincées de sel puis en passant une bougie sur les runes (ou les runes dans la fumée des bougies).

Si le runiste préfère, il peut utiliser une formule personnelle pour les consacrer tant qu'il signifie la raison de la création de ce jeu et ce qu'il compte faire avec. Il peut également consacrer chaque rune avec son élément et la dédier à ses dieux tutélaires. Après la consécration, il peut faire un petit sacrifice, une libation pour chaque dieu ou déesse invoqués.

Après avoir prononcé la formule, le runiste doit méditer et se laisser imprégner par l'ambiance magique. Puis, il faut laisser ses runes seules jusqu'à ce que le runiste sente qu'il est temps de les essayer.

Le runiste peut ensuite les charger davantage de son énergie (le fait de les faire soi-même les charge déjà de son énergie) en prenant chaque rune, les unes après les autres, dans sa main pendant quelques secondes / minutes, le temps d'imprégner ses runes de son énergie. Il peut charger sa première rune jusqu'à ressentir une certaine lassitude qui prouvera que la rune a absorbé son énergie puis, il peut passer à la suivante.

IV 224) Purification des runes

Certains vont dire qu'il est nécessaire de purifier les runes avant ou après la consécration, ou encore avant ou après les avoir chargées en énergie.

Personnellement, je pense que si les runes sont purifiées juste après les avoir faites, on leur enlève de cette belle énergie que l'on vient de leur inoculer en les fabriquant soi-même. Eventuellement, on peut purifier le matériau avant fabrication, mais on risque de perdre l'énergie de la nature ancrée en lui, sauf si le matériau est un matériau fabriqué par l'homme (bois contreplaqué, carton...), auquel cas, la purification permettra d'évacuer l'énergie de l'homme qui a fabriqué ce matériau. Je conseille plutôt d'attendre d'en ressentir le besoin avant de les purifier. Par exemple, si on ressent un certain malaise en les prenant en main, c'est qu'elles ont besoin de purification.

Dans le cas d'un jeu acheté, quel que soit le matériau utilisé, il est nécessaire de purifier le jeu afin d'éliminer les vibrations énergétiques de la personne qui l'a fabriqué.

Si le runiste tire les runes pour quelqu'un, que ce soit avec un jeu fabriqué par ses soins ou un jeu acheté, le quelqu'un émet des vibrations dont les runes s'imprègnent lorsqu'il les choisit. Là, il devient nécessaire de les purifier, surtout si le runiste les tire plusieurs fois dans une même journée pour diverses personnes.

Pour les purifier, il suffit de les exposer à la lumière directe du soleil pendant une journée ou à la lumière de la lune durant toute une nuit. On peut aussi les plonger dans de l'eau non traitée, de préférence salée (si le support le permet) ou une eau « pure » (eau de source, puits, rivière...) pendant quelques heures, utiliser de l'encens ou bien effectuer quelques fumigations de sauge blanche amérindienne dessus.

Après une purification, je conseille de les recharger en énergie comme après la consécration afin que les runes s'imprègnent à nouveau de son énergie.

IV 23) Entretien et conservation des runes

Normalement, les runes n'ont pas un réel besoin d'entretien, on peut toujours laver les pierres à l'eau mais l'encre pourrait s'effacer. Je conseille de les épousseter avec un chiffon quand cela est nécessaire.

Afin de préserver leur aspect, les runes peuvent très être bien vernies avec un vernis adéquat (vernis spécial bois, spécial peinture acrylique...). Personnellement, je n'ai pas jugé nécessaire de vernir mon jeu dans la mesure où d'une part, il était pyrogravé et non peint, et d'autre part, je me lave les mains avant de m'en servir. Cependant, si elles sont en bois, on peut les frotter avec de la cire d'abeille ou les enduire avec de l'huile de tournesol ou une huile minérale. Cela ne préservera pas la peinture, mais le bois. Il ne s'agit pas de faire baigner les runes dans l'huile, mais d'utiliser un morceau d'essuie-tout, de l'humecter avec un peu d'huile et de le passer sur les runes les unes après les autres. Ensuite, il faut les laisser sécher un moment avant de les utiliser. Je conseille vivement de tester votre mode de vernissage avec des runes excédentaires.

Pour ranger ses runes, il est fréquent d'utiliser un simple petit sac / petite bourse qui servira pour les tirer. On peut ranger à l'intérieur le tapis de divination, à condition bien sûr qu'il rentre dedans !

On peut également ranger son petit sac de tirage et tout son matériel dans une boite en bois ou en carton sur laquelle on aura pris soin de dessiner toutes les runes. On pourra placer à l'intérieur un cristal de roche pour accroitre le pouvoir des runes.

IV 3) Equivalent avec l'alphabet latin

Ansur A	Beorc B	Ken C, K ou Q	Daeg D	Eoh E	Feoh F	Geofu G
Hagall H	Is I	Ger J ou Y	Ken C, K ou Q	Lagu L	Mann M	Nied N
Othel O	Peorth P	Ken C, K ou Q	Rad R	Sigel S	Tyr T	Ur U
Wynn W ou V	X	Ger Y ou J	Eolh Z	Ing Ng	Ehwaz E	Thorn Th

IV 4) La forme et le nom des Runes

Beaucoup se posent la question de savoir pourquoi toutes les runes ont une forme si « raide », qu'elles ne comportent aucun arrondi, aucune d'entre elles alors que les alphabets grecs, latins, étrusques et phéniciens comportent tous plusieurs lettres « arrondies ». Personne n'a vraiment de réponse à la question.

Pour moi, leur forme sans arrondi est surtout dûe à l'utilité que les runistes en avaient à l'origine. En effet, la plupart du temps, les runes n'étaient pas inscrites sur du papier avec de l'encre, mais gravées sur du bois ou de la pierre. Dans les deux cas, les runistes avaient plus de facilité à graver des lignes droites avec les outils de l'époque sur des pierres ou du bois, que des lignes arrondies.

Les noms des runes divergent selon les régions et le dialecte utilisé. Dans les pages sur les runes à proprement parlé, j'ai noté les noms les plus courants des runes, sans pour autant signifier leur origine. Voici un tableau non exhaustif des noms que les runes peuvent prendre selon les peuples qui les utilisaient.

	Anglo saxon	**Germanique**	**Gothique**	**Vieil anglais**	**Vieux norrois**
Rune	Rúna	Rúna	Rúna	Rún	Rún
ᚠ **Feoh**	Feoh	Fehu	Faihu	Foeh	Fé
ᚢ **Ur**	Ur	Uruz	Urus	Ur	Ur
ᚦ **Thorn**	Thorn	Thurisaz	Thiuth	Thorn	Thurs
ᚨ **Ansur**	As ou Os	Ansuz	Ansus	Os	Ass
ᚱ **Rad**	Rad	Raidho	Raidha	Radh	Reidh
ᚲ **Ken**	Ken	Keṇaz	Kusma	Cen	Kaun

ᚷ **Geofu**	Gyfu ou Geofu	Gebo	Giba	Gyfu	Gipt
ᚹ **Wynn**	Wynn	Wunjo	Winja	Wynn	Vend
ᚻ **Hagall**	Hagel	Hagalaz	Hagl	Haegl	Hagall
ᚾ **Nied**	Nyd	Naudhiz	Nauths	Nyd	Naudhr
ᛁ **Is**	Is	Isa	Eis	Is	Iss
ᛄ **Ger**	Gar	Jera	Jer	Ger	Ar
ᛇ **Eoh**	Eoh	Eihwaz ou Iwaz	Eihwas	Eoh ou Eow	Ihwar
ᛈ **Peorth**	Peorth	Perthro	Pairthra	Peordh	N'existe pas
ᛉ **Eolh**	Eolh	Elhaz ou Algiz	Algis	Eolh	Ihwar
ᛋ **Sigel**	Sigel	Sowilo	Saugil	Sigil	Sol
ᛏ **Tyr**	Tyr	Tiwaz	Teiws	Tir	Tyr
ᛒ **Beorc**	Beorc	Berkano	Bairkan	Beorc	Bjarkan
ᛖ **Ehwaz**	Eh	Ehwaz	Aihws	Eh	Ior
ᛗ **Mann**	Man	Mannaz	Manna	Mann	Madhr
ᛚ **Lagu**	Lagu	Laguz ou Laukaz	Lagus	Lagu	Lögr ou Laukr
◇ **Ing**	Ing	Ingwaz	Enguz ou Iggws	Ing	Ing ou Yngvi
ᛞ **Daeg**	Daeg	Dagaz	Dags	Daeg	Dagr
ᛟ **Othel**	Odal ou Othel	Othala	Othal	Ethel	Odhal

Conclusion

Voilà, nous sommes arrivés à la fin de ce petit voyage initiatique. J'espère qu'il aura permis au lecteur d'en savoir plus sur cet antique système d'écriture et qu'il lui permettra de l'aider aux heures les plus sombres de sa vie.

J'espère pouvoir fournir bientôt aux passionnés des runes un deuxième volume concernant les runes non comprises dans le futhark ancien mais aussi des informations sur les autres applications des runes en ésotérie ou en radiesthésie. Alors, je vous dis au revoir et à bientôt.

Annexes

Fiches

Quelques fiches mémos pour aider à mieux mémoriser les significations des runes.

La chanson des Runes

Cette chanson permet de connaître certains pouvoirs des runes. La traduction a été réalisée par L. Botkine en 1879.

Hávamál

Le Hávamál est un ancien poème scandinave parlant des runes. La traduction a été réalisée par Mlle R. Du Puget en 1846.

Mini dictionnaire des divinités citées dans ce livre

Ceci est un petit condensé de mythologie nordique afin de mieux appréhender cet ouvrage.

Huit de Frey

ᚠ	ᚢ	ᚦ	ᚨ
Feoh **F** Abondance Richesse Croissance Création Conquête romantique **Inversée :** Difficultés financières Cupidité	**Ur** **U** Force Promotion sociale Changements positifs Chance en affaires Affirmation de soi Dénouement heureux Guérison rapide Gestation, maternité Naissance d'une relation **Inversée :** Attention Affaiblissement	**Thorn** **Th** Difficultés à venir Retard Mauvaises décisions Combativité Choix importants Disputes Fertilité Protection **Inversée :** Sur le point de prendre une mauvaise décision Blocage Perte d'énergie	**Ansur** **A** Communication Messager des dieux Intuition, instinct Inspiration Conseils de professionnels Ouvrir son cœur Libère des liens psychologiques inutiles Liée au son, chanson Souffle de vie **Inversée :** Met en garde contre les conseils Syndrome de Peter Pan Souffle de mort Air pollué, empoisonnement

 **Rad** **R**	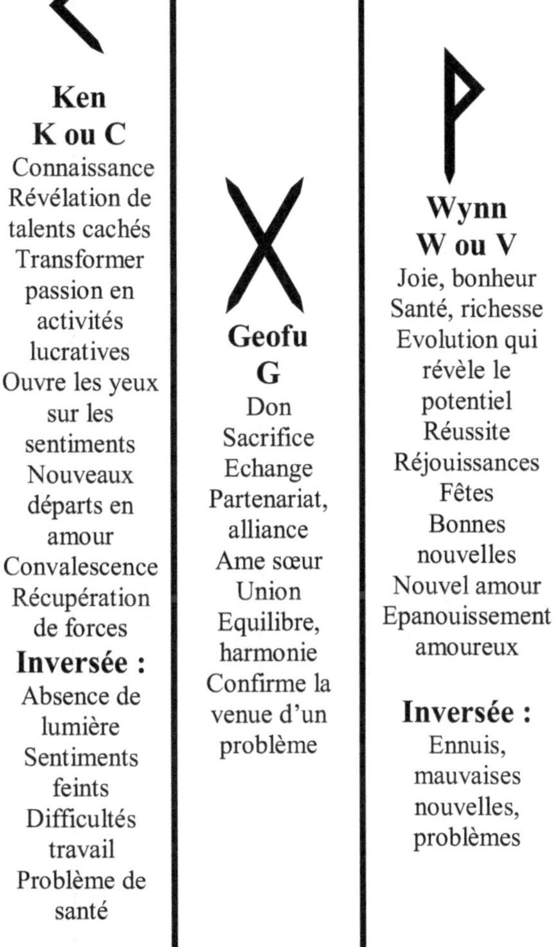 **Ken** **K ou C**	**Geofu** **G**	**Wynn** **W ou V**
Voyage Déplacement Transfert Nouvelles Contrôler sa vie Changements provoqués, rapides et bénéfiques **Inversée :** Projets compromis ou annulés Faire attention aux faux amis	Connaissance Révélation de talents cachés Transformer passion en activités lucratives Ouvre les yeux sur les sentiments Nouveaux départs en amour Convalescence Récupération de forces **Inversée :** Absence de lumière Sentiments feints Difficultés travail Problème de santé	Don Sacrifice Echange Partenariat, alliance Ame sœur Union Equilibre, harmonie Confirme la venue d'un problème	Joie, bonheur Santé, richesse Evolution qui révèle le potentiel Réussite Réjouissances Fêtes Bonnes nouvelles Nouvel amour Epanouissement amoureux **Inversée :** Ennuis, mauvaises nouvelles, problèmes

Huit de Hagall

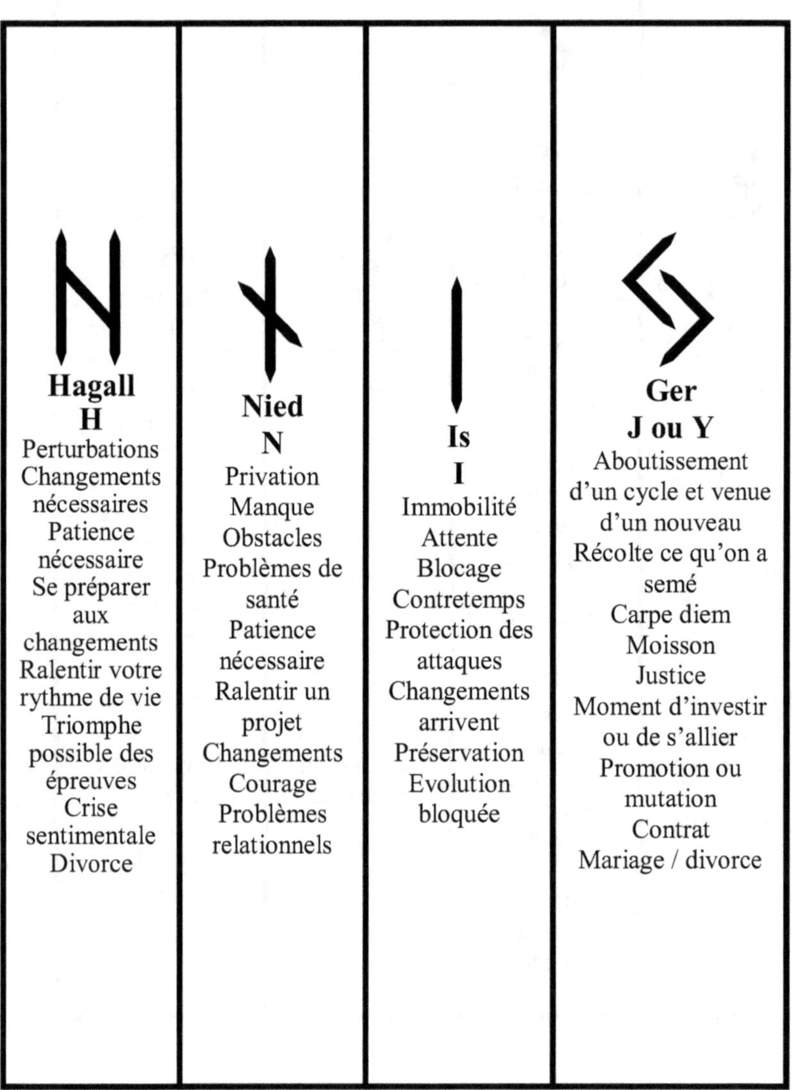

Hagall **H** Perturbations Changements nécessaires Patience nécessaire Se préparer aux changements Ralentir votre rythme de vie Triomphe possible des épreuves Crise sentimentale Divorce	**Nied** **N** Privation Manque Obstacles Problèmes de santé Patience nécessaire Ralentir un projet Changements Courage Problèmes relationnels	**Is** **I** Immobilité Attente Blocage Contretemps Protection des attaques Changements arrivent Préservation Evolution bloquée	**Ger** **J ou Y** Aboutissement d'un cycle et venue d'un nouveau Récolte ce qu'on a semé Carpe diem Moisson Justice Moment d'investir ou de s'allier Promotion ou mutation Contrat Mariage / divorce

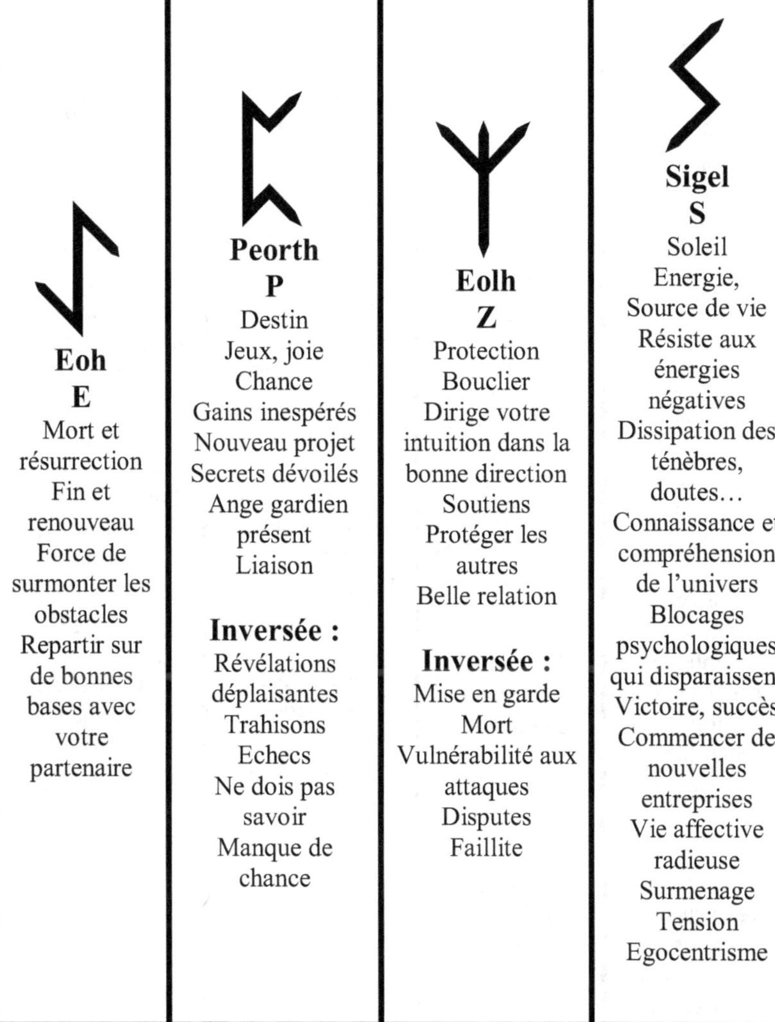

Eoh **E**	**Peorth** **P**	**Eolh** **Z**	**Sigel** **S**
Mort et résurrection Fin et renouveau Force de surmonter les obstacles Repartir sur de bonnes bases avec votre partenaire	Destin Jeux, joie Chance Gains inespérés Nouveau projet Secrets dévoilés Ange gardien présent Liaison **Inversée :** Révélations déplaisantes Trahisons Echecs Ne dois pas savoir Manque de chance	Protection Bouclier Dirige votre intuition dans la bonne direction Soutiens Protéger les autres Belle relation **Inversée :** Mise en garde Mort Vulnérabilité aux attaques Disputes Faillite	Soleil Energie, Source de vie Résiste aux énergies négatives Dissipation des ténèbres, doutes… Connaissance et compréhension de l'univers Blocages psychologiques qui disparaissent Victoire, succès Commencer de nouvelles entreprises Vie affective radieuse Surmenage Tension Egocentrisme

Huit de Tyr

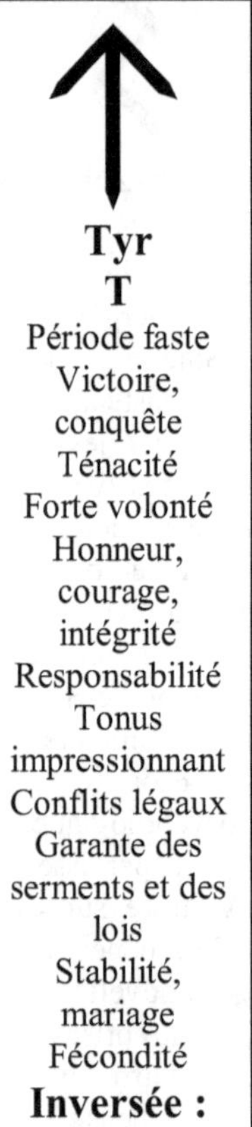 **Tyr** **T**	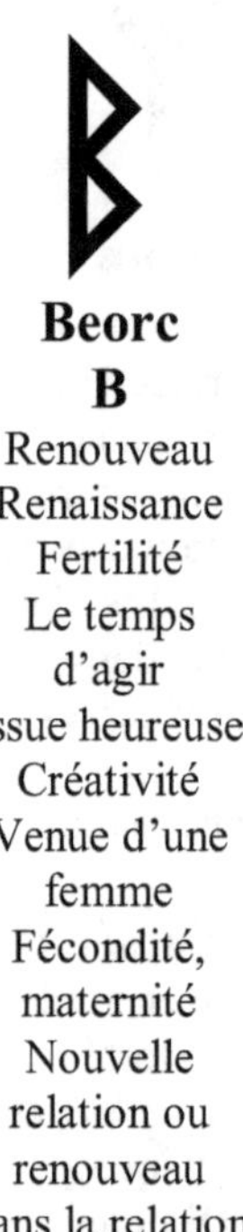 **Beorc** **B**	**Ehwaz** **E**	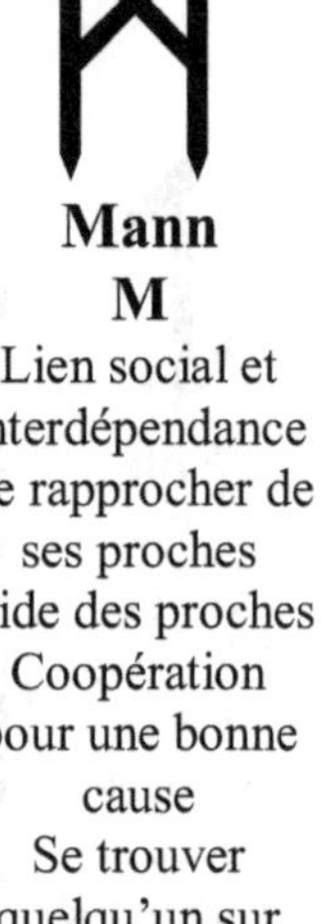 **Mann** **M**
Période faste Victoire, conquête Ténacité Forte volonté Honneur, courage, intégrité Responsabilité Tonus impressionnant Conflits légaux Garante des serments et des lois Stabilité, mariage Fécondité **Inversée :** Conflits se retournent contre soi Fausse-couche Mauvaise santé Mort possible	Renouveau Renaissance Fertilité Le temps d'agir Issue heureuse Créativité Venue d'une femme Fécondité, maternité Nouvelle relation ou renouveau dans la relation **Inversée :** Demander conseil Problèmes	Mouvements maîtrisés Contrôler son véhicule Voyages Union d'individus pour un but commun Adaptabilité Faire appel à ses proches Union, mariage basée sur la confiance **Inversée :** Dépend des autres runes	Lien social et interdépendance Se rapprocher de ses proches Aide des proches Coopération pour une bonne cause Se trouver quelqu'un sur qui compter **Inversée :** Solitude Prudence : un ennemi n'est pas loin Célibataire ou orphelin

Lagu **L** Intuition, instinct Créativité Talents ignorés Grands changements qui arrivent en masse **Inversée :** Débordement Nécessite de se reprendre	**Ing** **Ng** Arrêt de tout Repli sur soi Emmagasiner de forces Bien-être dû à l'accomplissement Fin d'une situation et début d'un cycle Mutations Peaufiner ses projets Nouvelles expériences en amour	**Daeg** **D** Aube, Clarté, lucidité Sérénité Dissipe les angoisses Fin d'une ère, début d'une nouvelle Changements positifs Evolution Accord harmonieux Transformation d'une relation Egocentrisme Trop plein d'énergie	**Othel** **O** Héritage Devoir de mémoire Vécu de l'individu Faire attention à ses rêves Patrimoine matériel Besoin de stabilité Relation durable **Inversée :** Renoncement à un dû Fin d'une histoire Mort

Dernière rune

Wyrd
Destin non déterminé
Imprévu, inattendu
Risque d'action sans réflexion
Prudence
Réflexion
Pas la bonne question
Certains secrets ne doivent pas être révélés

La chanson des Runes

Dans son ouvrage, « *La chanson des runes* », paru en 1879, L. Botkine a traduit une poésie parlant de l'alphabet runique, dont le texte original est extrait du livre de Grein (Bibliothek der angelsächsischen Poesie, t. II). Je ne laisse que sa traduction, mais je conseille vivement au lecteur d'aller voir l'original s'il comprend cette langue.

1. Feoh. Les richesses sont la consolation de tout homme ;
   Cependant chacun doit beaucoup les partager
   S'il veut choisir la gloire du Seigneur.
2. Ur. Ur est intrépide et cornu,
   La terrible bête ; il combat avec ses cornes
   Le grand coureur des bruyères : c'est un être courageux.
3. Thorn. L'épine est très aiguë, à tout homme
   Mauvaise au toucher, extrêmement gênante
   Pour tous ceux qui reposent avec elle.
4. Os. Os est l'inventeur de tout langage,
   Le pilier de la sagesse et la consolation des sages
   Et de tout homme la joie et l'espoir.
5. Rad. Rad, dans la salle, est à tous les hommes
   Doux, et précieux pour celui qui est assis sur
   Un cheval robuste sur les routes.
6. Cèn. La torche en feu est connue de tous les vivants,
   (La torche) blanche et brillante ; elle brille le plus souvent
   Là où les hommes reposent.
7. Gifu. Le don est l'ornement et l'honneur des hommes,
   Le soutien et la dignité (des hommes) et de tous les proscrits
   Dans le dénuement l'appui et la ressource.
8. Vèn. L'espoir ne jouit point ; il connaît peu de maux,
   De soucis et de douleurs, et lui-même possède
   La prospérité, le bonheur et l'abondance des biens.
9. Hagl. La grêle est le plus blanc des grains ; elle est portée par l'air du ciel,

L'ouragan l'entraîne, elle se fond ensuite en eau.

10. Nyd. Le besoin met la poitrine à l'étroit, cependant il est souvent aux fils des hommes
Un secours et un salut quand ils l'écoutent dès l'abord.

11. Is. La glace est très froide, extrêmement glissante,
Il brille avec la clarté du verre, il est pareil à des pierreries
Ce plancher façonné par la gelée et beau à voir.

12. Gêr. La récolte est la joie des hommes, quand Dieu permet
(Le saint roi du ciel) à la terre de donner
De beaux fruits aux nobles et aux pauvres.

13. Eoh. L'if est un arbre rude au dehors,
Ferme dans la terre, gardien du feu,
Supporté par des racines qui croissent sur la demeure du vyna.

14. Peordh. Peordh est toujours la joie et le plaisir
Des puissants, là où les guerriers sont assis
Joyeusement ensemble dans la salle de la bière.

15. Eolx. La laîche croît le plus souvent dans les marais ;
Elle pousse dans l'eau, fait de rudes blessures et
Ensanglante tout homme qui la touche.

16. Sigel. La voile est toujours l'espoir des marins
Quand ils la portent sur la mer
Jusqu'à ce qu'ils amènent leur coursier marin au rivage.

17. Tir. Tir est un signe ; il se montre très fidèle
Aux hommes, il est toujours en voyage
Au-dessus de l'obscurité des nuits et ne s'arrête jamais.

18. Beorc. Le bouleau est privé de fruits, il porte cependant
Des branches improductives; ses rameaux sont
En haut sa cime a un bel ornement :
Chargé de feuilles qui s'inclinent sous le vent.

19. Eh. Le cheval est la joie des guerriers,
Le fier coursier, là où les hommes
Riches assis sur leurs montures s'entretiennent ;
Il est toujours la consolation des hommes inquiets.

20. Man. L'homme dans la joie est cher à ses parents;

Cependant tout homme est infidèle à son semblable :
C'est pourquoi le Seigneur veut, dans sa puissance,
Livrer à la terre cette misérable chair.

21. Lagu. La mer parait longue aux hommes
Qui se hasardent sur la barque volage ;
Ils redoutent extrêmement les flots
Car le coursier marin n'a souci de la bride.

22. Ing. C'est chez les Danois de l'Est que Ing
Fut vu en premier; il repartit ensuite
Sur les flots, le char courut après.... :
Tel est le nom que lui donnent les Heardingas.

23. Êdhel. Le foyer est très cher à tous les hommes
Qui peuvent y jouir de ce qui est juste et convenable
Avec gloire.

24.Dag. Le jour est le messager de Dieu ; il est cher aux hommes
C'est la puissante lumière du Créateur, la joie et l'espoir
Des riches et des pauvres : il est utile à tous.

25. Ac. Le chêne, sur la terre, est aux fils des hommes
La nourriture de la chair, il voyage souvent
Sur la mer; l'Océan éprouve
Si le bois du chêne est bon.

26. Asc. Le frêne est très élevé, cher aux hommes,
Ferme sur sa tige ; il se tient bien sur sa base
Quoique beaucoup combattent contre lui.

27. Yr. L'arc est la joie des nobles, et de tout homme
Le plaisir et l'honneur ; elle est belle sur le coursier
Et solide dans les campagnes, cette arme guerrière.

28. Jor. Jôr est un poisson de rivière et pourtant toujours
Il se nourrit sur terre ; il possède une belle résidence
Entourée d'eau et il y vit dans les délices.

29. Ear. Eár est odieux à tous les hommes,
Quand la chair commence
A se refroidir, à choisir la terre
Blême pour compagne de lit, la gloire s'éteint
La joie disparaît, les engagements se dénouent.

Le Hávamál

Le Hávamál est un ancien poème scandinave dont une partie raconte comment Odin a obtenu les runes et comment se servir de celles-ci en magie. On en trouve la traduction un peu partout sur le net ou dans les ouvrages sur les runes, traduit en vers ou en prose. J'utilise la traduction de Mlle R. Du Puget, qui a traduit les Eddas (poèmes scandinaves) contenant le Hávamál dans son livre « *Les Eddas traduites de l'ancien idiome scandinave* » (pages 187-191), paru en 1846.

Le Discours Runique

1. Je sais que je fus suspendu durant neuf nuits entières à un arbre que le vent faisait murmurer. Un javelot m'avait blessé. Donné à Odin, je fus consacré à cet arbre, dont personne ne connaît les racines.
2. Je ne fus point nourri avec du pain ni avec de l'hydromel. Je me baissais pour ramasser des runes, et je les apprenais en pleurant : ensuite je tombai à terre.
3. Boelthorn, le savant père de Betsla, m'a appris neuf poèmes antiques, et l'on m'a donné une rasade du précieux hydromel mélangé dans Odreyer.
4. Je commençai alors à devenir savant, et j'étais admiré pour mon instruction : je grandissais et prospérais. Je cherchai des mots dans le mot originaire des mots ; je cherchai du travail pour moi dans le travail du travail.
5. Tu trouveras des runes et des bâtons runiques, de grands, de puissants bâtons runiques, créés par les saintes puissances, taillés par Fimbulthul, et gravés par le général des dieux.
6. Odin y a tracé des runes pour les Ases, Dvalinn pour les alfes, Dain pour les nains, Alsvider pour les géants. J'en ai gravé moi-même plusieurs.
7. Sais-tu comment on doit s'y prendre pour graver, pour

interpréter les runes, pour les tracer ? Sais-tu comment on doit supporter les épreuves ? Comment on doit prier ou offrir le sacrifice ? Sais-tu comment il faut s'y prendre pour faire des expéditions et dévaster les pays ?

8. Il vaut mieux ne point prier que d'offrir un trop grand nombre de sacrifices ; le don attend toujours une récompense. Mieux vaut ne pas faire d'expédition que de commettre trop de dévastations. Telles sont les runes qu'Odin a gravées pour les hommes en général.... C'est là qu'il se leva lors de son retour.

9. Je sais un chant qui est ignoré de la femme du prince et de tous les fils des hommes ; il est intitulé *Secours*, et pourra te prêter assistance dans tes procès, dans tes chagrins et toutes les calamités.

10. J'en sais un second ; il est utile aux hommes qui veulent devenir médecins.

11. J'en sais un troisième, dont j'ai grand besoin pour enchaîner mon ennemi, pour émousser le tranchant de son glaive, pour détruire l'effet de ses armes et de ses ruses.

12. J'en sais un quatrième. Si mes membres sont chargés de chaînes, en le chantant je pourrai marcher, il fera tomber les fers de mes pieds et les liens de mes mains.

13. J'en sais un cinquième. Si une flèche met l'armée en danger, je l'arrêterai malgré la rapidité de son vol, pourvu que je l'aperçoive.

14. J'en sais un sixième. Si un homme me blesse sur les racines dépouillées d'un arbre, si un autre veut m'attirer des maux en chantant, le mal les rongera plutôt que moi.

15. J'en sais un septième. Si je vois une haute salle brûler au-dessus des habitants de la maison, je la sauverai en arrêtant l'incendie ; je sais ce chant magique !

16. J'en sais un huitième ; il est bon pour tout le monde de l'apprendre. En tel lieu que croisse la haine entre les fils des rois, je puis l'étouffer subitement.

17. J'en sais un neuvième. Si la nécessité m'y contraint, je puis sauver mon navire ; j'apaise le vent sur les vagues, et je calme l'Océan.

18. J'en sais un dixième. Si je vois les démons jouer dans les airs, je puis faire en sorte qu'ils se troublent en leur propre corps et en leur esprit.
19. J'en sais un onzième. Si je conduis à la bataille des amis éprouvés depuis longtemps, je chante sous le bouclier, et la victoire les suit ; ils vont au combat et en reviennent sains et saufs ; ils reviennent de même de partout.
20. J'en sais un douzième. Si je vois un homme suspendu et mort en haut de l'arbre, je grave des runes, et cet homme vient causer avec moi.
21. J'en sais un treizième. Si je verse de l'eau sur un jeune homme pour l'empêcher de succomber dans la bataille, il ne s'évanouira pas devant le glaive.
22. J'en sais un quatorzième. Si je suis obligé de faire devant les hommes assemblés le dénombrement des dieux, je puis distinguer les Ases des alfes; un ignorant ne saurait point le faire.
23. J'en sais un quinzième. Thjodroerer le nain le chanta devant les portes de Delling ; il donna de la force aux Ases, le succès aux alfes, et la sagesse à Odin.
24. J'en sais un seizième. Si je veux obtenir joie et faveur de la pudique vierge, je puis tourner vers moi l'esprit de la jeune fille aux bras blancs, et je change entièrement son âme.
25. J'en sais un dix-septième, et l'aimable fille restera longtemps avec moi. Ces chants-là, Lodfafner, tu les ignoreras durant des années ; cependant il serait bon et utile pour toi de les connaître et de les apprendre.
26. J'en sais un dix-huitième ; je ne l'enseignerai jamais à la jeune fille, à la femme de l'homme ; ce qu'on est seul à savoir a toujours plus de prix, à moins que je ne le dise à celle qui me serre dans ses bras ou à ma sœur.
27. Maintenant le poème solennel a été chanté dans la salle haute et autour de la salle. Ce poème est utile aux fils des hommes et nuisible aux fils des géants. Vive celui qui le chante! Vive celui qui le sait ! Vive celui qui le comprend ! Vive celui qui l'entend !

Mini dictionnaire des divinités citées dans ce livre

Ases : Les Ases sont les dieux souverains d'Asgard, tel Odin, Tyr, Thor, Heimdall, Balder ...

Balder : Fils d'Odin et de Frigg, marié à Nanna, Balder est un dieu doux et aimable. Il est considéré comme le dieu de la lumière, le plus sage et le plus clément des ases. Sa mère l'a rendu invulnérable à toutes les attaques, sauf à celle du gui. Loki en profitera pour proposer à Höder, le frère aveugle de Balder, de lui tirer dessus avec une flèche faite en gui. Le coup lui sera fatal. Par ruse, Loki empêchera sa résurrection.

Berchta : Patronne des mères et des enfants, Berchta est souvent associée à Freyja ou Frigg.

Erda : Erda est la déesse représentant la Terre-Mère.

Frey : Frey est le frère de Freyja, le fils de Njörd et il est marié à Gerd (géante). Il est le dieu de la fécondité, de l'abondance, de la fertilité et de l'amour. Dieu de la paix, Frey est un dieu festif.

Freyja : Sœur de Frey, fille de Njörd, épouse d'Od, Freyja a de nombreux amants. Elle est également la déesse de la fertilité, de la fécondité, et de l'amour.

Frigg : Epouse d'Odin, mère de Balder et Höder, Frigg est la déesse du mariage et de la maternité. C'est une magicienne et une voyante.

Géants du froid : Les Géants du froid habitent le Jötunheim et essaient de s'emparer du pouvoir des ases, notamment celui du marteau de Thor.

Heimdall : On dit d'Heimdall qu'il est le plus ancien des ases et qu'il sera le dernier à mourir. Ses sens aiguisés font de lui le gardien du royaume d'Asgard. On dit de lui qu'il est à l'origine des classes sociales et qu'il protège les humains.

Hella : Fille de Loki et d'Angerboda, Hella est la déesse des morts.

Hler : Géant, dieu de la mer, Hler est l'époux de Rán, le fils de Fornjótr et le frère de Kari et Loge.

Höder : Fils d'Odin, Höder est aveugle. Il tue son frère Balder en pensant que la flèche qu'il lui a envoyée ne le tuerait pas car son frère était supposé être invincible.

Ing : Ing est le dieu de la fertilité.

Kari : Géant du givre, Kari est le dieu de l'air et du vent. Il est le fils de Fornjótr et le frère de Hler et Loge.

Loge : Loge est un géant, dieu du feu, frère de Kari et Hler, fils du géant Fornjótr.

Loki : Fils de Laufey et Farbauti (des géants), Loki est le père de Jörmungand, Hella, Fenrir (fils d'Angerboda) et époux de Sigyn avec qui il a un fils, Nari. Dieu de la malice, de la malveillance, il est fourbe, sournois et aime créer le désordre autour de lui. Il est magicien et a le pouvoir de métamorphose. Il aide autant les dieux qu'il ne leur cause des problèmes. Un jour, ils en ont assez et le capturent, l'attachent à un rocher avec les intestins de son fils, et suspendent un serpent venimeux qui crache son venin sans interruption. Sigyn tient un bol au-dessus de sa tête pour le protéger et le vide chaque fois que nécessaire. Il finira par s'évader et attaquera Asgard, provoquant le Ragnarök.

Mimir : Mimir est le gardien de la fontaine qui apporte la sagesse à qui y boit.

Nerthus : Déesse de la fertilité, Nerthus est la première épouse de Njörd et la mère de Frey et Freyja.

Njörd : Père de Frey et Freyja, époux de Skadhi, Njörd est un dieu vane. Il représente la fertilité et la fécondité et il aime vivre au bord de la mer.

Les trois Nornes : Les Nornes sont trois sœurs : Urd (passé), Verdandi (présent), Skuld (avenir) qui habitent au pied de l'arbre d'Yggdrasill. Elles décident de l'avenir des hommes, filant sans cesse la toile de leur destinée et la coupant quand leur moment est venu.

Nótt : Nótt est la personnification de la nuit.

Odin : Dieu des dieux chez les Ases, Odin est l'époux de Jord, puis de Frigg et enfin de Rind. Dieu des poètes et des sages, il est celui qui apporte les runes aux ases.

Rind : Troisième épouse d'Odin, Rind représente la terre redevenue stérile.

Skadi : Skadi est une géante, fille de Thjazi, épouse de Njord puis Ull. Elle préfère vivre près de son père dans les montagnes plutôt que près de la mer avec son époux.

Skuld : Skuld est la Norne du futur.

Sól : Sól est la personnification du soleil.

Thor : Fils d'Odin et de Jord, époux de Sif, Thor est armé de Mjöllnir, un marteau qui revient à celui qui l'a envoyé, et d'une ceinture qui double la force de celui qui la porte. Thor protège Asgard des géants. Il contrôle la foudre et contrôle les tempêtes.

Tyr : Dieu de la justice, de la guerre, Tyr a sacrifié sa main droite pour emprisonner le loup Fenrir.

Ull : Ull est le fils biologique de Sif et le fils adoptif de Thor, il est marié à Skadi. Il est le dieu de la chasse et de l'hiver. Il se servait de son bouclier pour se protéger et pour voguer sur l'eau.

Urd : Urd est la Norne du passé.

Vanes : Les Vanes sont les autres divinités d'Asgard, telles que Njörd, Frey et Freyja.

Verdandi : Verdandi est la Norne du présent.

Walkyries : Les Walkyries sont les servantes d'Odin. Ce sont des guerrières qui parcourent les champs de bataille pour récupérer les âmes des guerriers valeureux et les emmener au Walhalla.

Sources

« *Runes et magie, Histoire et pratique des anciennes traditions runiques* », Nigel PENNICK, Editions L'Originel, 1995

« *Futhark, manuel de magie runique »,* Edred THORSSON, éditions Pardès, collection « Thulé », 1992

« *B.A.-B.A. Magie Runique* », Jean-Paul RONECKER, éditions Pardès, 2004

« *Le pouvoir des runes d'Odin* », Sigrid MÅNEDOTTIR, éditions Ellébore, 2021

« *Les Runes* », Collection Sagesse d'Antan, Anders ANDERSSON, Editions Könemann, 1999

« *S'initier à l'art des Runes* », Séléné, Editions Jouvence, 2022

« *Essai sur l'Origine des Runes* », M. EDELESTAND DU MERIL, Paris, 1844

« *La chanson des runes* », texte anglo-saxon, traduction et notes par L. BOTKINE, Havre, 1879

« *Les Eddas traduites de l'ancien idiome scandinave* », Mlle R. DU PUGET, collection Chefs-d'œuvre littéraires, 1846

« *Magie et Mystères du Nord, runes et pouvoirs féminins* », Freyja ASWYNN, Editions Camion Noir, 2016

« *Le grand livre des Runes, Initiation et voyage vers la lumière du Nord* », Richard GANDON, éditions Dervy, 2021

« *Les runes et le secret initiatique* », Jean-Yves GUILLAUME, Editions Alphée-Jean-Paul BERTRAND, 2009

« *Les Runes germaniques sacrées et magiques* », Erik Jackson PERRIN, Edition par EJP, 2018

« *Energies Sacrées : les Runes* », Arzh BRO NAONED, Guy Trédaniel Editeur, 1991

« *Initiation Runique, Druidique et Shamanique Elfique »,* Virgile et Roger GASCON, dossiers-esoterisme.com, 2008, Manuels 1 à 6

« *101 jours pour apprendre la magie des runes* », Catherine SOLARIS, Editions de Mortagne, 2011

« *L'art de lire l'avenir* », Sally MORNINGSTAR, éditions Manise, 2001
« *Dictionnaire Illustré des Arts divinatoires* », Thomas DECKER, Editions de Lodi, 2003

« *Dictionnaire des mythologies* », Myriam PHILIBERT, Editions Maxi-Livres-Profrance, 1998
« *Les grandes figures des mythologies* », Fernand COMTE, collection Le Grand Livre du Mois, Editions Bordas, 1998

https://fr.wikipedia.org/wiki/Berchta
https://i-futhark.com/fr/methods

https://cartes-voyance.fr/la-voyance-divinatoire/rune-viking/rune-wyrd-la-rune-blanche-odin/?cn-reloaded=1

Copyright photos et dessins

Les runes « normales » sont issues de la police d'écriture Elder Futhark.

L'auteure : Delphine DUBOIS, née en 1981, licenciée d'histoire, s'est tournée depuis quelques années vers la radiesthésie et les arts divinatoires.

Ses ouvrages :

- ***Manuel du mini Lobe Antenne, Principes de base et exercices pour s'améliorer,***
- ***La Loi d'Attraction : cahier d'exercices,***
- ***Oui-ja : Manuel pratique, Règles et Dangers***
- ***25 runes pour connaître son avenir et débuter en magie runique***

www.ingramcontent.com/pod-product-compliance
Lightning Source LLC
LaVergne TN
LVHW052006160826
845678LV00005B/1667

* 9 7 8 2 9 5 8 4 5 5 9 3 4 *